The Who

Chris Charlesworth

MOEWIG

Die Originalausgabe erschien 1982 bei
Omnibus Press
(A Division of Book Sales Limited)

Bildquellen
Photo Selection 14-15, 17-22, 24-29, 31, 38-39, 42, 44, 52, 70-72. Außerdem vertreten durch Photo Selection: LFI 12-13, 16; Richie E. Aaron 53 oben; Alec Byrne 41; Hans H. Kirmer 67; Janet Nacoska 34; Neal Preston 53 unten, 69; Justin Thomas 59; Michael Putland 23, 64-65; K. Simon 43; Stefan Wallgren 75; Chris Walter 8, 10, 36-37, 46-47; John Welsby 76. Redfern: 50-51, 60-63. Außerdem vertreten durch Redfern: Richie E. Aaron 3; James Barron 33; David Ellis 55-56, 66; F. Gray 4 unten; Tim Hall 73-74; Mike Prior 4-5 oben, 58; Andrew Putler 48.

Deutsche Erstausgabe
Aus dem Englischen von Joachim Peters

© 1982 by Omnibus Press (A Division of
Book Sales Limited)
© der deutschen Übersetzung 1990 by
Verlagsunion Erich Pabel –
Arthur Moewig KG, Rastatt
© für Text S. 5 und S. 74 (3. Absatz) – 76
by Verlagsunion Erich Pabel – Arthur
Moewig KG, Rastatt
Alle deutschen Rechte vorbehalten
Umschlagentwurf und -gestaltung:
Graphics, Darmstadt
Umschlagfoto: SET, München
Bearbeitung und Aktualisierung:
Jürgen Seibold
Layout: Marion Schilberth, Stuttgart
Druck und Bindung: VPM, Rastatt
Printed in Germany 1990
ISBN 3-8118-3068-6

The Who – Die Band mit ihrer berühmt-berüchtigten Bühnenshow live im Londoner Wembley Stadion.

Sind sie die wichtigste, die rotzigste, die erfolgreichste Band der Rockgeschichte? Oder haben sie die verrücktesten Fans? (Zum Beispiel den finanzkräftigen Rock-Liebhaber, der 1988 im Londoner Auktionshaus »Sotheby's« umgerechnet 47000 Mark für eine orangerote Gitarre aus John Entwistles Sammlung bezahlte – nun hat Entwistle nur noch 140 Gitarren.)

Wie auch immer – *einen* Superlativ haben The Who auf jeden Fall sicher: Keine andere Rockgruppe ging so oft »zum letzten Mal« auf Tournee wie die britischen Superstars. 1982, rechtzeitig zu Weihnachten, gaben Pete Townshend, Roger Daltrey und John Entwistle die Auflösung ihrer Band bekannt. Sie ließen sich in Birmingham für ein eigens angesetztes Abschiedskonzert bejubeln. 1984 zog die Live-LP *Who's Last* den nächsten Schlußstrich. 1985 taten sich die drei Musiker zu einem letzten gemeinsamen Auftritt im Programm von »Live Aid« zusammen. 1989 brachen sie mit ihrer Abschiedstournee durch die USA alle Rekorde. Im Interview erklärt Pete Townshend, warum er den Abgang von der Konzertbühne noch einmal aussetzte: »Der springende Punkt war, daß Amerika es sich in den Kopf gesetzt hatte, mich sehr, *sehr* reich nach Hause zurückzuschicken. Und das ist ein gutes Gefühl.«

The Who ließen die Firma Winterland Productions alles tun, um dieses Gefühl noch etwas besser werden zu lassen. Ergebnis, laut Insider-Schätzungen: 25 bis 30 Millionen US-Dollar Gewinn für die drei Ur-Whos, davon fünf Millionen Dollar als Vorauszahlung. Und auch Winterland machte damit keinen schlechten Schnitt: 35 Millionen Dollar brachte der Kartenverkauf (macht pro Konzert eine Million...); der Verkauf von T-Shirts brachte weitere 13 Millionen, eine Bierfirma soll zwei Millionen Dollar für den Titel des »alleinigen Sponsors« bezahlt haben – eine weitere Bierfirma bezahlte eine Million, um während zweier Konzerte statt dessen ihre Werbung aufhängen zu dürfen. Plus die TV-Honorare für die Übertragung der *Tommy*-Benefizkonzerte, plus Vorauszahlungen für das Live-Album *Join Together*, plus die Erlöse aus einer entsprechenden Video-Veröffentlichung – Kenner der Szene schätzen den Vorschuß für die Band allein aus diesen drei Projekten auf fünf bis sechs Millionen Dollar.

Ganze Arbeit. Dafür geht man schon einmal mit zwei alten Freunden auf Tournee.

1990 veröffentlichten sie mit dem Album *Join Together* Mitschnitte dieser Tour, um auch den europäischen Fans ein Stück vom musikalischen Kuchen der Konzerte in Amerika anzubieten. Denn – wie gesagt – der Rückzug von The Who aus den Hallen und Arenen der Welt war endgültig.

So endgültig, daß sich nur wenige wunderten, als die Termine für die Who-Tournee des Jahres 1990 auf die Schreibtische flatterten.

Und während die Fans vor den Konzerten der Europa-Tour fieberten, erinnerten sich einige an eine klare Aussage Pete Townshends zu angeblichen Konzertplänen für Europa, die ME/SOUNDS im August 1989 abgedruckt hatte: »Darüber habe ich noch nicht einmal mehr nachgedacht. Auf kreativer Ebene sind die Who für mich eine ausgebrannte Kraft. Kann sein, daß wir noch einmal in England auftreten – aber nur, weil wir sonst gesteinigt würden. Es hat wirklich keinen Sinn für uns, hier noch zu spielen.«

Nie wieder auf der Bühne? Nie wieder in Europa? Wer soll das gesagt haben? *Who* said it...?

Pete

Pete Townshend wurde am 19. Mai 1945 in der Chiswick-Klinik in West-London als erster Sohn von Clifford und Betty Townshend geboren. Peter Dennis Blandford erblickte das Licht der Welt genau zwölf Tage nach Unterzeichnung der bedingungslosen Kapitulation der deutschen Wehrmacht durch General Alfred Jodl in Reims. Auch wenn die sich anschließenden Siegesfeiern den Neugeborenen kaum beeindruckt haben dürften, scheint es fast, als habe die Musik, die damals rund ums Haus der Townshends erklang, den jungen Pete dazu prädestiniert, als Berufsmusiker die Familientradition in der dritten Generation weiterzuführen.

Horace Townshend, Petes Großvater, hatte vor dem Krieg zu den Stars der Jack Shepard Concert Revue gehört, während Petes Vater Cliff als Saxophonist schließlich beim Tanzorchester der Royal Air Force gelandet war. Aus diesem gingen nach dem Krieg die Squadronaires hervor, eine der beliebtesten Tanzbands der vierziger und fünfziger Jahre, die überall vor vollen Häusern spielte und in der Sparte Unterhaltungsmusik der BBC einen Stammplatz hatte. Auch Petes Mutter war in der Szene der Tanzbands aktiv: Unter ihrem Mädchennamen Betty Dennis agierte sie als Sängerin in einer konkurrierenden Gruppe, dem Sidney Torch Orchestra.

Petes Kindheit wurde am nachhaltigsten durch die ständigen Hänseleien geprägt, die er wegen seiner riesigen Nase in der Schule über sich ergehen lassen mußte. Der große, etwas linkische und introvertierte Junge wäre im Unterricht nicht weiter aufgefallen, wenn sein gigantischer Riecher sein ansonsten durchschnittliches Gesicht nicht derart dominiert hätte, daß er für seine Klassenkameraden unweigerlich zum Objekt ihrer Frotzeleien werden mußte. Da es ihm nicht lag, auf ihren Spott mit Aggressionen zu reagieren, zog er sich zurück und fragte sich unaufhörlich, warum Mutter Natur ausgerechnet ihm diesen üblen Streich gespielt hatte.

»Als Kind«, gestand er später, »wurde ich andauernd wegen meines unglaublichen Zinkens aufgezogen. Da beschloß ich, es ihnen zu zeigen. Aus jeder englischen Zeitung sollte ihnen dieser Zinken entgegenstarren, bis sie nicht mehr über mich lachen würden!«

Als Berufsmusiker konnten Petes Eltern oft für längere Zeit nicht zu Hause sein. Während sie auf Tournee waren, kümmerte sich seine Großmutter Denny um ihn. Im Alter von acht Jahren schuf sich Pete seine eigene kleine Welt, indem er sich aus verrosteten Eisenteilen auf einem verwilderten Grundstück in der Nähe seiner Schule eine Art Bunker baute, von dem aus er die Weltherrschaft übernehmen wollte. Stunde um Stunde grübelte er in der Einsamkeit seines Verstecks darüber nach, wie er es wohl erreichen könnte, daß seine Mitschüler ihn respektierten.

Um nicht mehr nur nach seinem unförmigen Rüssel beurteilt zu werden, wandte sich Pete der Musik zu und wurde dabei von beiden Elternteilen unterstützt. Als er zwölf war, brachte ihm der Weihnachtsmann in Gestalt seiner Großmutter seine erste Gitarre. Obwohl es sich nur um ein billiges pseudo-spanisches Modell mit Drahtsaiten handelte, stellte sie doch im Vergleich zum selbstgebauten Instrument eines Freundes, auf dem Pete seine ersten Fingerübungen absolviert hatte, einen erheblichen Fortschritt dar. Doch abgesehen vom Problem mit seiner Nase sah Pete noch einen weiteren guten Grund für die Anschaffung einer Gitarre: Er hoffte, mit ihrer Hilfe seine Chancen bei den Mädchen zu verbessern.

»Ich träumte davon, daß sich eines Tages ein Mädchen wegen meiner genialen Fähigkeiten als Gitarrist in mich verlieben würde. Mir war völlig klar, daß ich gegen die meisten meiner Altersgenossen ziemlich unreif und irgendwo emotional verkrüppelt war, und so dachte ich mir, es könnte nicht schaden, mich ein paar Jahre in einem Zimmer einzusperren und das Gitarrenspielen zu lernen. Das tat ich dann auch, während andere Jungs in meinem Alter tanzen gingen oder Platten hörten.«

In den folgenden beiden Jahren lernte Pete von seinem Vater die Grundlagen der Notenschrift und übte gleichzeitig als Autodidakt auf der Gitarre, dem Banjo, dem Akkordeon, dem Klavier und dem Schlagzeug. Er ging damals auf die Acton County Grammar School, wo er schließlich John Entwistle und später auch Roger Daltrey kennenlernen sollte.

John

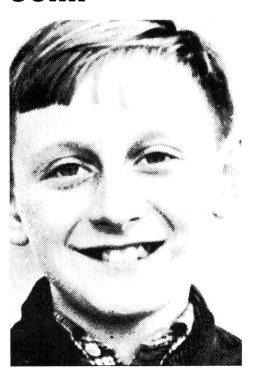

John Alec Entwistle wurde am 9. Oktober 1944 als einziges Kind von Herbert und Maud »Queenie« Entwistle geboren. Kurz nach seiner Geburt trennten sich Johns Eltern, und so verbrachte er ähnlich wie Pete einen großen Teil seiner Kindheit in der Obhut von Großeltern. Schon früh fühlte er sich zur Kunst hingezogen, doch im Gegensatz zu anderen Kindern zeichnete John nicht Autos, Häuser und Menschen, sondern düstere, makabre Bilder

Roger & The Detours

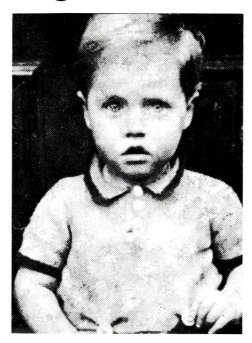

von Skeletten und Waffen, in denen immer Schwarz die dominierende Farbe war. Seine Familie ermutigte ihn schon im zarten Kindesalter dazu, sich mit Musik zu befassen, und so wurde John, der diese Anregungen begeistert aufgriff, als einzigem Mitglied von The Who eine fundierte musikalische Ausbildung zuteil.

Mit sieben Jahren nahm John bereits Klavierunterricht, mit elf begann er, sich mit der Trompete zu befassen, und ein Jahr später spielte er Waldhorn im Middlesex Youth Orchestra, das vielen als Sprungbrett für eine Karriere in der klassischen Musik diente. Unter besseren finanziellen Voraussetzungen hätte John wahrscheinlich einen Kurs in klassischen Blasinstrumenten belegt, doch wie die Dinge nun einmal lagen, konnte er sich keine eigene Trompete leisten und mußte mit einem Instrument vorliebnehmen, das seiner Schule gehörte. Seinen ersten öffentlichen Auftritt mit dem Middlesex Youth Orchestra hatte John mit zwölf Jahren in der Hendon Town Hall.

In der Acton County Grammar School entdeckten John Entwistle und Pete Townshend 1959 erstmals ihre gemeinsamen Interessen und spielten zusammen in einer Amateurband traditionellen Jazz. Sie imitierten die Art von Musik, mit der schnurrbärtige Jazzer wie Acker Bilk und Kenny Ball eine Zeitlang das rockhungrige Publikum traktierten. Mit Pete am Banjo und John an der Trompete traten die Scorpions erstmals im Congo Club in Acton auf. Das Publikum war an zwei Händen abzuzählen. Sie spielten unter anderem *Marching Through Georgia*, *Farewell Blues* und das unvermeidliche *When The Saints Go Marching In*, und Pete lernte Lampenfieber kennen.

Nach einer ebenso unspektakulären wie kurzen Karriere lösten sich die Scorpions schon nach einem Jahr wieder auf, als der traditionelle Jazz aus den Pop-Charts immer mehr verschwand. Inzwischen hatte sich John der elektrischen Baßgitarre zugewandt. Er wollte wie sein Vorbild Duane Eddy klingen, der in Hits wie *Rebel Rouser*, *The Peter Gunn Theme* und *Shazam* die Baßsaiten schwirren ließ.

Pete hatte inzwischen sein Banjo gegen eine bessere Gitarre eingetauscht und trotz der Blasen an seinen Fingerspitzen gelernt, einfache Akkorde zu spielen; John und Pete dilettierten unbekümmert in einer Popgruppe vor sich hin – als plötzlich Roger Daltrey, das dritte Wunderkind von der Acton County Grammar School, in ihr Leben platzte.

»Townshend war ein netter, ruhiger Junge«, meint »Mack« McMahon, der damals Hausmeister an der Acton County Grammar School war. »Er hing immer mit diesem Entwistle zusammen. Waren wohl Freunde. Alle haben sie ihre Schuluniform getragen, aber dieser Daltrey mußte natürlich aus der Reihe tanzen! Wollte doch glatt in seinen Halbstarken-Klamotten aufs Schulfoto. Dem Direktor hat das gar nicht gefallen, glauben Sie mir...«

Roger Harry Daltrey kam am 11. März 1945 in der Hammersmith-Klinik zur Welt. Er war der einzige Sohn von Harry und Irene Daltrey, die in der Percy Road zwischen Hammersmith und Shepherd's Bush wohnten. Die Familie, zu der noch Rogers Schwestern Jill und Carol gehörten, zog gerade rechtzeitig nach Chiswick, so daß Roger erst die Victoria Primary School und dann die Acton County Grammar School besuchen konnte.

Wenn man den Gerüchten glauben darf, hat Roger seinen eher unscheinbaren Körperbau während seiner Schulzeit und auch noch danach dadurch wettzumachen versucht, daß er sich als berüchtigter Raufbold profilierte. Wann und wo immer es zu einer Schlägerei kam, war Roger zumindest mit dabei, wenn er sie nicht sogar selbst vom Zaun gebrochen hatte. Er war stolz auf sein Halbstarken-Image, das er seinen Fäusten ebenso verdankte wie seiner auffälligen Kleidung. 1962 wurde er von der Acton Grammar School gefeuert, nachdem man ihn beim Zigarettenrauchen in der Schultoilette erwischt hatte. Doch dies war nur eines von mehreren Vergehen, die der Schuldirektor bei seiner Entscheidung in Betracht zu ziehen hatte...

Drei Monate zuvor hatte Rogers musikalische Karriere mit der Gründung der Instrumentalgruppe The Detours begonnen, in der er als Bandleader und Leadgitarrist fungierte. Wie bei John Lennon wurde auch bei ihm das Interesse an der Musik durch die Skiffle-Welle angefacht, die Lonnie Donegan, den unbestrittenen Skiffle-König, mit *Rock Island Line*, *Cumberland Gap* und *Gamblin' Man* an die Spitze der Hitparaden getragen hatte. Die Akkorde dieser Songs übte Roger zunächst auf einer selbstgebastelten akustischen Gitarre, bevor er sich mit fünfzehn Jahren unter dem Einfluß der Shadows eine elektrische Gitarre zulegte.

Eines Tages im Sommer 1962 stolperte Roger Daltrey dann über John Entwistle, als dieser gerade seine Baßgitarre und seinen Verstärker die High Street von Acton entlangschleppte, und schlug ihm vor, bei den Detours mitzumachen. Obwohl Roger dabei in erster Linie zweifellos an den eindrucksvollen Verstärker dachte, nahm der Baßgitarrist das Angebot an und machte wenige Monate später seinerseits den Vorschlag, Pete Townshend als Rhythmusgitarristen in die Gruppe aufzunehmen. Als Daltrey einverstanden war, konnte er noch nicht ahnen, wie sehr der hagere Gitarrist mit der großen Nase sein Leben verändern würde; doch der erste entscheidende Schritt in der Entwicklung der Who erfolgte erst kurz nach Petes Eintritt in die Band, als deren Sänger Colin Dawson nach einer Reihe schwerer Auseinandersetzungen von Roger entlassen wurde. Roger selbst übernahm sofort dessen Posten als Sänger, um damit vor dem Publikum ebenso als Bandleader zu gelten wie in der Gruppe.

Der Kern von The Who hatte als The Detours ein recht breites musikalisches Repertoire, das von Tageshits und Instrumentals der Shadows und Ventures über traditionellen Jazz und amerikanischem Rock'n'Roll bis hin zu einigen Oldies reichte, um auch die Älteren im Publikum zufriedenzustellen.

Hinter den Drums saß Doug Sanden, ein wortkarger Halbprofi, der zwar nicht schlecht war, aber ein Jahrzehnt älter als die drei Teenager, die auf der Bühne vor ihm standen. Daltrey spielte noch immer die Leadgitarre (eine solide Hofner), sang dazu und versuchte sich gelegentlich sogar an der Posaune, während Townshend auf einer riesigen nachgebauten Fender-Baßgitarre spielte, die er auf Ratenbasis gekauft hatte, wenn er nicht gerade auf der Trompete oder dem Waldhorn blies. Auf der Bühne trugen sie dunkle Anzüge, weiße Hemden und schwarze Krawatten, wie sich das für eine ordentliche Tanzband gehörte.

»Für zehn Pfund pro Abend brachen wir uns im White Hart von Acton einen ab«, erzählte Entwistle ihrem Biographen Gary Herman. »Wir spielten fünf Abende pro Woche, und das nach der Arbeit. Wir spielten alles. Erst kamen ein paar Gitarrenstücke, dann brachten wir Sachen von den Tornados, und anschließend war ein Sänger mit Country-Musik an der Reihe. Wenn wir dann Stücke von John Berry Seven brachten, spielte ich Trompete, und danach bei den Dixieland-Nummern kam Roger an der Posaune zum Einsatz. Als dann die Beatles aufkamen, wurde Roger Sänger der Gruppe, weil der andere Sänger nach ständigen Streitereien mit Roger die Band verlassen hatte, und Pete wechselte von der Rhythmusgitarre zur Leadgitarre über. Trotzdem war er im Grunde immer noch Rhythmusgitarrist. Er war nie etwas anderes. Wir spielten Beatles-Songs und alles mögliche, bis wir schließlich den Rhythm'n'Blues entdeckten. Pete ging zur Kunstakademie und hörte dort von John Lee Hooker und solchen Leuten. Wir wußten, daß uns der andere Schrott nicht weiterbringen würde, und so verlagerten wir uns darauf, bis all die anderen Gruppen wie die Yardbirds und The Downliners Sect das gleiche machten.«

The Detours klapperten ganz West-London ab und spielten für zehn oder zwölf Pfund pro Abend in Hammersmith, Shepherd's Bush, Acton, Greenford, Harrow, Chiswick und Ealing, wann immer ein Pub sie engagierte. Keines ihrer Mitglieder schien auf eine Karriere als Berufsmusiker zu spekulieren. Roger, der unbestrittene Bandleader, arbeitete tagsüber in einer Metallfabrik in Acton, wo er Stahlbehälter für wissenschaftliche Geräte herstellte, während Entwistle nach der Schulzeit in die Finanzverwaltung eingetreten war und Einkommensteuerformulare bearbeitete.

Nur Townshend führte seine Ausbildung weiter. Er schrieb sich für vier Jahre an der Kunstakademie ein, wo er Grafik und Design studierte, und arbeitete nebenbei in einer Metzgerei und als Milchmann. Mit sechzehn zog er zusammen mit einigen anderen Kunststudenten in eine Wohnung in Ealing. »Ich hatte keinen Streit mit meinen Eltern«, sagte er. »Ich wollte einfach nur tun können, wozu ich Lust hatte, zum Beispiel die ganze Nacht lang Platten hören . . .«

Die Zeit an der Akademie öffnete Pete die Augen. Durch die Zeitumstände und seinen neuen Bekanntenkreis kam er mit

linken Ideen in Berührung und entwickelte eine sozialistische Grundüberzeugung, die auch noch Jahre später seine Weltanschauung und die Texte seiner Songs prägen sollte. Außerdem fand er heraus, daß sein Aussehen ihn nicht daran hinderte, private Beziehungen aufzubauen. Er lernte Karen Astley kennen, die Tochter des Komponisten Edwin Astley, die Modedesign studierte und später seine Frau wurde. Außerdem schloß er Bekanntschaft mit dem Künstler Mike McInnerney, der später einige Plattencovers für The Who entwarf und ihn mit den Lehren Meher Babas bekannt machte. Und wie es damals in solchen Kreisen üblich war, rauchte er seinen ersten Joint.

Als Pete eines Abends mit seinen Kommilitonen zusammensaß, bat er sie um Vorschläge für einen neuen Namen für The Detours. Nach jedem neuen unbefriedigenden Vorschlag kam von anderen Studenten ein entsetztes »Die Wer?«, so daß schließlich Petes Freund Richard Barnes die Idee hatte, die Gruppe einfach The Who zu nennen. Pete nahm den Vorschlag an, und je mehr Zeit er der nun umgetauften Gruppe widmete, desto deutlicher erkannte er, daß er ebenso wie die vorausgegangenen Generationen von Townshends zur Musik berufen war und nicht zum Design.

Keith Moon

Gegen Ende 1963 mußte Bob Bruce, der erste Manager der Detours, Helmut Gordon weichen, den später jemand als »einen jüdischen Türknauf-Fabrikanten aus Shepherd's Bush, der sich für Londons Antwort auf Brian Epstein hielt« beschrieb. Gordon war zwar effizient, aber ohne jede Phantasie: Trotz der immer anspruchsvoller werdenden Musik der Detours ließ er sie weiterhin in stinkbürgerlicher Kleidung auftreten, auch wenn diese nun von Pierre Cardin kam, und mit Haaren, die zwar vorn an die Beatles erinnerten, aber hinten kurz geschoren waren wie eh und je. Und als sie sich plötzlich The Who nannten, war Gordon völlig aus dem Häuschen.

Auf musikalischem Sektor ging es mit der Gruppe schnell bergauf. Ihr Live-Programm bestand nun fast ausschließlich aus Blues und Soul. Daltrey hatte seine Gitarre an den Nagel gehängt und stand nun

wie Townshend unter dem Einfluß von John Lee Hooker, Jimmy Smith, Slim Harpo und anderen farbigen Blues-Musikern. Er kaufte sich eine Mundharmonika, der er die gleichen klagenden Töne entlockte, die nicht nur auf den Blues-Alben zu hören waren, sondern auch in den Hits der beiden führenden britischen Gruppen, der Beatles und der Rolling Stones. Probleme gab es jedoch mit Doug Sanden, der eindeutig zu alt war und dessen Spiel weder die Phantasie noch den Drive hatte, um die anderen drei anzutreiben. Seine Zeit war endgültig abgelaufen, als die Gruppe nach Probeaufnahmen bei Philips Records abgewiesen wurde, und zwar nicht nur, weil sie keine eigenen Titel spielte, sondern auch, weil ihr mangelndes Vertrauen in den armen Sanden zu offenkundig war. Keith Moon kam deshalb gerade recht.

Keith John Moon wurde am 23. August 1946 als erstes Kind von Alfred und Kathleen »Kitty« Moon geboren. Der Kfz-Mechaniker Alfred hatte mit Kitty noch zwei Töchter und führte mit seiner Familie im Schatten des riesigen Sportstadions von Wembley ein wenig ereignisreiches Leben.

Keith ging zunächst zur Barham-Grundschule unweit ihrer Wohnung. Später wechselte er auf die Alperton Secondary School, wo er vor allem in Englisch und Naturwissenschaften glänzte. Von größerer Bedeutung für seinen weiteren Lebensweg war jedoch sein Beitritt zum örtlichen Seekadetten-Corps, wo der Zwölfjährige das Horn blies. Aufgrund seiner Begeisterung für diese Tätigkeit war es nur eine Frage der Zeit, bis er zum Trommler befördert wurde – zweifellos der einzig wirklich attraktive Job für ein so junges Mitglied der Royal Navy. Seine Mutter erzählte später, er habe schon damals immer auf irgendwelchen Sachen herumgedroschen.

Kaum hatte er ein richtiges Schlagzeug, war jeglicher akademische Ehrgeiz dahin, und der kindlich wirkende Teenager verbrachte nun Stunde um Stunde damit, sein ungewöhnliches Naturtalent weiterzuentwickeln. Für seine erste Band, The Beachcombers, war er viel zu gut, und alle Beteiligten wußten das. Erstens spielte er zu laut, und zweitens wirkte sich für den Surf-Sound der Band das Nichtvorhandensein seiner stimmlichen Qualitäten ebenso negativ aus, wie sein Können als Drummer unumstritten war. An seinem Schlagzeug aber spielte er den Rest der Beachcombers nicht selten an die Wand. Auch nach seinem Austritt aus der Gruppe blieb er immer ein Fan des Surf-Sound.

Als Keith sich im Jahre 1964 mit verschiedenen Gelegenheitsjobs durchschlug, wollte es der Zufall, daß die Beachcombers in denselben Pubs spielten wie The Who. Sie nahmen auch eine Platte auf – ein Instrumentalstück mit dem Titel *Mad Goose*, das sie bei EMIS Columbia-Label herausbrachten –, doch als Keith Gerüchte hörte, The Who suchten einen guten jungen Drummer, fing er sofort Feuer. Er hatte schon von den wilden Auftritten der Who gehört, und so beschloß er eines Abends im Sommer 1964 im Oldfield Hotel in Greenford, einfach auf sie zuzugehen. Keith erzählte die Geschichte in einem Interview mit Jerry Hopkins vom ROLLING STONE im Jahr 1972:

»Als ich hörte, daß ihr Drummer die Band verlassen hatte, beschloß ich, mich der Gruppe aufzudrängen. Sie spielten damals im Oldfield, einem Pub ganz in der Nähe. Als ich reinkam, spielten sie gerade mit einem Session-Drummer. Ich ging auf die Bühne und sagte: ›Das kann ich besser als der.‹ Sie gaben mir eine Chance, und so setzte ich mich also ans Schlagzeug und spielte einen Song – *Road Runner*. Vorher hatte ich mir ziemlich Mut angetrunken, und nun drosch ich wie ein Irrer auf das Schlagzeug ein und machte dabei das Pedal der Baßtrommel und zwei Felle kaputt. Das war's wohl, dachte ich und stand Todesängste aus.

Als ich danach an der Bar saß, kam Pete zu mir rüber. ›Hör mal zu‹, sagte er, und ich wurde ganz klein. Dann fragte Roger, der damals der Sprecher der Band war: ›Hast du nächsten Montag schon was vor?‹ Ich verneinte, obwohl ich tagsüber einen Job hatte. ›Die Arbeit wirst du aufgeben müssen‹, meinte er. ›In Ordnung‹, antwortete ich. Dann sagte er: ›Am Montag haben wir einen Gig. Wenn du kommen willst, holen wir dich ab.‹ ›Prima‹, sagte ich, und wir machten aus, daß sie um sieben bei mir vorbeikommen würden. Das war alles. Keiner hat mir je gesagt: ›Du gehörst zur Gruppe.‹ Sie fragten nur: ›Hast du nächsten Montag schon was vor?‹«

Der ganz in Orange gekleidete siebzehnjährige Keith war über den Verlauf des Abends mehr als erfreut, doch seine Mutter, die ihn nach Greenford begleitet hatte, dämpfte seine Erwartungen. Erfolg im Popgeschäft, meinte sie, sei so selten wie ein Sechser im Lotto.

Die Band aber war nun komplett.

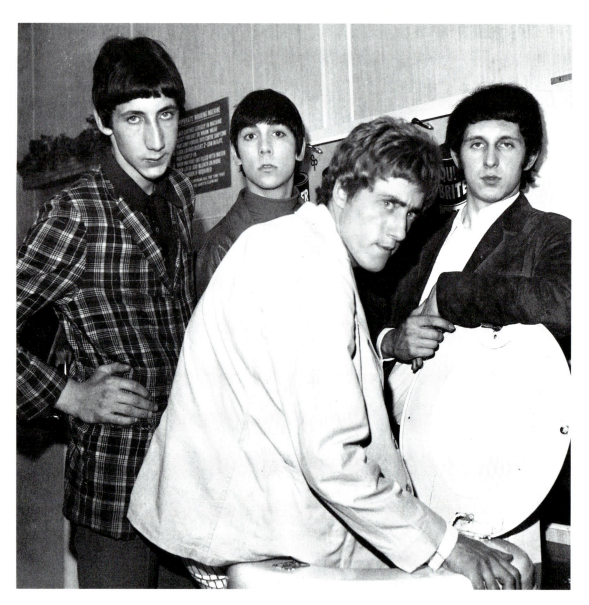

Meaden, der Mod

Es ist schwer auszumachen, wie die Mod-Bewegung entstanden ist, doch die Charakteristika ihrer Anhänger waren leicht zu bestimmen. Mods waren immer gut angezogen und benahmen sich entsprechend, hörten gern Soul, nahmen Aufputschmittel und fuhren Motorroller. Außerdem kultivierten sie ihr feindseliges Verhältnis zu den Rockern, das von Wochenend-Scharmützeln in London zu ausgewachsenen Krawallen an den Stränden von Brighton und Southend eskalierte. Doch unter der Oberfläche lag ein eher romantischer Aspekt verborgen: Der Mod wollte wie Clint Eastwood in seinen Italo-Western sein, eiskalt und absolut frei von menschlichen Bindungen. Der wahre Mod war ein Einzelgänger, der sich auf niemanden verlassen wollte außer auf sich selbst. Pete Meaden war so ein Mensch.

Pete Meaden, der seine Haare (nach französischem Schnitt) in Shepherd's Bush von einem Friseur namens Jack schneiden ließ, hatte einen Teilzeitjob bei Andrew Loog Oldham, der die Rolling Stones managte. Unter dem Einfluß von Oldham hatte er sich zu einem ideenreichen Werbefachmann und Image-Macher entwickelt. Fasziniert und neidisch zugleich hatte er zugesehen, wie sein Arbeitgeber auf die Rolling Stones sein eigenes anarchisches Image übertrug. Meaden wollte nun unbedingt auch eine Gruppe, die er nach seinen Vorstellungen formen konnte, und als dann sein Friseur Jack erwähnte, daß ein anderer Kunde von ihm, Helmut Gordon, eine Band managte, die ziemlich wild sein sollte, spitzte Meaden sofort die Ohren. Ein Treffen wurde arrangiert, und Gordon gab Meaden 50 Pfund Vorschuß, um »The Who aufzubauen«. Im Sommer 1964 wurde er ihr Public-Relations-Berater und Co-Manager.

Meadens Plan bestand natürlich im Kern darin, The Detours/Who in Mods zu verwandeln, sie in ähnliche Klamotten zu stecken, wie er sie selbst trug, und sie zum Lifestyle der Mods zu bekehren. Trotz ihrer anfänglichen Skepsis sahen Daltrey, Townshend, Entwistle und Moon bald ein, daß diese Idee nicht die schlechteste war, und stimmten Meadens Vorschlägen in bezug auf ihr Outfit bereitwillig zu. Maßgeschneiderte Jacketts wurden angeschafft, Hosen mit rasiermesserscharfen Bügelfalten, Schuhe mit versteiften Kappen, weiße T-Shirts und Radfahrerjacken aus Kunstfaser. Jedes Gruppenmitglied unterzog sich beim Friseur Jack einem Mod-Haarschnitt und experimentierte mit Pillen, die Meaden empfohlen hatte.

Ihr neuer Berater änderte auch ihren Namen. Von nun an waren sie The High Numbers, ein Mod-Ausdruck, der für Stil und einen gewissen Pfiff stand.

Das unumstrittene Kommunikationszentrum der Mods war der Scene Club im Londoner Stadtteil Soho, in dem Meaden ein gerngesehener Gast war. Er führte die High Numbers in den Klub ein und arrangierte, daß sie jeden Montagabend dort spielen konnten. Dieser Schachzug zahlte sich aus: Unter Mithilfe des Zufalls, aber auch durch geschicktes Management wurden The High Numbers bald zur Mod-Band Nummer eins.

Stücke wie *Heatwave* von Martha & The Vandellas und *Baby, Don't You Do It* von Marvin Gaye wurden von Townshend für den Scene Club adaptiert. Schon in diesem frühen Stadium ihrer Karriere hatte die Gruppe ein ungeheures Talent, fremde Songs an ihren eigenen Stil anzupassen. Cover-Versionen, die das Original getreu kopierten, verabscheuten sie. Als nächstes Schritt sollten die High Numbers nach den Plänen von Meaden eine eigene Platte machen.

Meaden selbst mischte dabei kräftig mit. Er nahm zwei beliebte Mod-Songs und schrieb die Texte um, um sie dem neuen Mod-Image der High Numbers anzupassen. Die A-Seite war eine Neubearbeitung von Slim Harpos *Got Love If You Want It* mit dem neuen Titel *I'm The Face*, die B-Seite ein Song von The Showmen, der nun *Zoot Suit* hieß. Meaden holte noch einen Session-Pianisten, und der inzwischen unverzichtbar gewordene Friseur Jack übernahm das Händeklatschen. Das alles klang noch ziemlich roh, aber Rogers kantige Stimme hatte schon eine natürliche Aufsässigkeit in sich, die von Petes entschlossenem Gitarrenspiel und dem polternden R&B-Rhythmus von John und Keith eindrucksvoll untermalt wurde. Vielleicht lag es am Einfluß von Meaden, daß sie auf ihren ersten Platten eher wie die Rolling Stones klangen.

I'm The Face wurde im Juli 1964 von Philips Records unter dem Fontana-Label herausgebracht. Trotz positiver Reaktionen von den aufkeimenden Piratensendern und obwohl der Song im Scene Club und anderen Mod-Lokalen immer wieder gespielt wurde, verkaufte sich die Platte jedoch kaum und kam nicht in die Charts. Auch die Kommentare im MELODY MAKER vom 4. Juli, wo der Song von den Merseybeats besprochen wurde – die erste Erwähnung der Gruppe in der britischen Musikpresse überhaupt –, dürften für die Platte nicht gerade förderlich gewesen sein.

The Merseybeats – Aaron Williams, Tony Crane, John Gustafson und John Banks – erklärten nacheinander: »Eine ganz gewöhnliche Platte«, »Gefällt mir nicht«, »Muß eine neue Gruppe sein« und »Bezweifle, ob das ein Hit wird«.

Philips ließ nur eine beschränkte Zahl von Platten pressen – Meaden kaufte 250 davon, Entwistles Mutter weitere zehn – und wollte dann von den High Numbers nichts mehr wissen.

Inzwischen waren durch den Einfluß von Keith Moon die Bühnenauftritte der Gruppe immer besser geworden. Pete Townshend hatte angefangen, mit Feedback zu experimentieren, und drehte mit seiner neuen zwölfsaitigen Rickenbacker-Gitarre mitten im Song an den Lautstärke- und Klangreglern herum, um elektronische Klangeffekte zu erzielen. Zum Entsetzen von Daltrey begann er auch, auf der Bühne herumzutanzen.

Unbewußt wollte Townshend noch immer die Aufmerksamkeit des Publikums von seinem Gesicht – und vor allem seiner Nase – ablenken und statt dessen lieber seinen athletischen Körper präsentieren. Um dies zu erreichen, schwang er seinen rechten Arm in einer kreisförmigen Bewegung durch die Luft und ließ ihn dann auf die Saiten seiner Gitarre niedersausen; später gestand er, daß er damit Keith Richards von den Stones imitieren wollte. Dennoch wurde diese Bewegung bald Petes Markenzeichen und brachte ihm den Spitznamen »Birdman« ein. Die Fans waren begeistert, besonders, wenn er darauf noch einen Sprung oder eine wütende Geste folgen ließ, seine Gitarre wie eine Maschinenpistole hielt und mit ihr die vorderen Reihen des Publikums in einem Tobsuchtsanfall niederzumähen schien. Weniger begeistert davon war Roger Daltrey. »Saublöd«, meinte er nur.

Auch Moon wurde immer lebendiger. Seinem ohnehin schon reichlich wilden und symphonischen Stil setzte er die Krone auf, indem er mit den Stöcken zu jonglieren begann und sie wie Gene Krupa, eines seiner wenigen Vorbilder als Drummer, in die Luft warf. Sein Selbstvertrauen entsprang seiner natürlichen rhythmischen Begabung, die Petes ähnlich gelagertes Talent in idealer Weise ergänzte und sich zu einem unverkennbaren, eigenen Stil entwickelte. Mit seinem Schlagzeug bestimmte er nicht nur einfach den Rhythmus, sondern untermalte gleichzeitig die Melodie eines Songs. Er war weit mehr als nur eine Art Metronom, das einen Rhythmus vorgibt. Er klang viel eher wie eine Ein-Mann-Percussion-Gruppe, wenn er sich über sein ganzes Schlagzeug ausbreitete und es mit einer beinahe ekstatischen Hingabe bearbeitete.

Im vorderen Teil der Bühne stampfte Roger Daltrey mit den Füßen, nahm manchmal gar das Mikrophon aus dem Ständer und schwang es wie ein Lasso über dem Kopf. Allein John Entwistle blieb auf der Bühne ruhig. Er erkannte, daß seine Rolle bei The Who weit über das Herunterspielen normaler Baßläufe hinausging: Mit seinen ganz auf Höhen gedrehten Klangreglern machte er aus der Baßgitarre ein Lead-Instrument und füllte die Lücken mit schnell fließenden Linien, die den Sound bestimmten und den unberechenbaren Charakter der Musik ausmachten.

Das Mod-Publikum, das diesen Kampf um die Aufmerksamkeit der Zuhörer spürte, war entzückt, und Pete Meaden schwebte im siebten Himmel. Seine Begeisterung ging so weit, daß er nach wenigen Wochen die High Numbers an Kit Lambert und Chris Stamp weiterreichte.

Kit Lambert & Chris Stamp

Kit Lambert und Chris Stamp waren erfolgreiche junge Filmregisseure mit einem Jahreseinkommen von jeweils über 5000 Pfund, die unbedingt einen Film über Popmusik machen wollten. Sie bildeten ein ziemlich ungleiches Paar. Lambert, Sohn des klassischen Komponisten Constant Lambert, war zunächst auf eine Privatschule gegangen und hatte anschließend in Oxford studiert. Nach einem Zwischenspiel als Armeeoffizier studierte er in Frankreich Filmkunst und arbeitete dann mit einem Forschungsteam in Brasilien. Stamp dagegen war der Sohn eines Schleppbootfahrers aus dem East End und verließ so früh wie möglich die Schule, um wie sein Bruder, der Schauspieler Terence Stamp, ins Filmgeschäft einzusteigen. Als Teenager hatte er sich im rauhen East End bei Schlägereien auf den Straßen Respekt verschafft.

Gemeinsam hatten sie als Regieassistenten in »The L Shaped Room«, »Of Human Bondage«, »I Could Go On Singing« (mit Judy Garland) und »The Heroes Of Telemark«, einem Kriegsepos mit Kirk Douglas, gearbeitet. Zwischen beiden entwickelte sich eine merkwürdige Freundschaft: Lambert war gesellig, künstlerisch veranlagt, geistreich und homosexuell, er redete gern und viel und gehörte zur »besseren« Gesellschaft; Stamp dagegen war eher prosaisch, grobschlächtig, trocken und geschäftsmäßig. Ihre einzige Gemeinsamkeit lag im Ehrgeiz, alles, was sie anpackten, perfekt zu machen.

Beide waren fasziniert von der Idee, einen Film über Popmusik zu drehen, weil sie glaubten, daß dieses Thema noch nie ernsthaft behandelt worden war. Zusammen mit Mike Shaw, einem Schulfreund von Stamp, der jetzt im Theater arbeitete, suchten sie in den Londoner Klubs nach einer Gruppe, an deren Beispiel sie die Welt der Popmusik darstellen konnten. Die Gruppe mußte unbekannt sein, da eine etablierte Band zu teuer geworden wäre.

Lambert war es, der die High Numbers eines Nachts, im September 1964 im Railway Hotel in Harrow spielen sah. Ihm war die Menschenmenge auf der Straße aufgefallen, die sich vor dem Lokal drängte, und so stieg er aus dem Auto und schloß sich ihr an, um herauszufinden, was es da zu sehen gab. »Die Stimmung da drin war phantastisch«, erzählte er später. »Im Saal war es dunkel und unglaublich heiß, und das Publikum schien wie hypnotisiert von der wilden Musik. Pete Townshend holte damals aus seiner Gitarre und dem Verstärker schon Feedback heraus. Als ich sie sah, wußte ich, daß ich gefunden hatte, was ich suchte!«

Am Abend darauf spielten die High Numbers in der Watford Town Hall.

Lambert nahm Stamp mit, und obwohl sie den größten Teil des Programms versäumten, waren sie so beeindruckt, daß sie die Idee mit dem Film über Bord warfen und beschlossen, sich bei der Gruppe als Manager zu bewerben. »Ich werde nie die Nacht vergessen, als wir sie zum ersten Mal sahen«, erzählte Chris dem Autor George Tremlett. »Etwas Vergleichbares war mir noch nie untergekommen. The Who hypnotisierten förmlich das Publikum. Das fiel mir schon beim ersten Mal auf. Die Leute waren wie eine schwarze Masse. Pete Townshend produzierte schon damals elektronische Effekte. Keith Moon flippte am Schlagzeug total aus. Die Zuhörer waren wie in Trance, egal, ob sie auf der Tanzfläche herumschlurften oder wie vom Blitz getroffen dasaßen und gebannt zuhörten.«

Eine kurzfristig anberaumte Probe in einem Jugendklub in Notting Hill bestätigte am Tag darauf ihren ersten Eindruck, und vier Tage später war der Deal perfekt. Lambert und Stamp wurden die neuen Manager der Gruppe und garantierten jedem Mitglied der High Numbers ein Mindesteinkommen von tausend Pfund jährlich, unabhängig von ihrem Arbeitsaufwand. Das Management-Team sollte 40% ihrer Einnahmen bekommen, und weitere 10% wurden als Vermittlungshonorar für Robert Stigwood einbehalten, dessen Aufgabe es war, so viele Konzerttermine wie möglich zu vereinbaren.

Pete Meaden bekam 500 Pfund Abfindung angeboten, und nach einigem Zögern nahm er an. Lambert und Stamp waren bereit gewesen, bis 5000 Pfund hochzugehen, um den glücklosen Schöpfer des Mod-Images loszuwerden, aber Meaden sah die Sache eher philosophisch. Er hatte mehr Angst davor, die Freundschaft der High Numbers zu verlieren, als davor, finanziellen Schaden zu nehmen.

Gegen die persönliche Beziehung Meadens zu The Who kann man einwenden, was man will, aber in jedem Fall war sie ehrlich und letzten Endes für alle Seiten von Nutzen. Ohne das von Meaden geschaffene Mod-Image hätten sich trotz der musikalischen Fähigkeiten der Gruppe vielleicht nicht annähernd so viele Menschen für die High Numbers begeistert, und auch Lambert wäre dann kaum so beeindruckt gewesen. Unbestätigten Gerüchten zufolge soll Townshend in späteren Jahren zu Weihnachten Meaden aus Dankbarkeit immer einen Scheck über eine nicht unerhebliche Summe zugeschickt haben.

Der große Sprung

Als sie das Management der High Numbers übernahmen, hatten Kit Lambert und Chris Stamp vom Musikgeschäft nicht eine Spur von Ahnung. Das einzige, was sie wußten, war, daß man in dieser so ungeheuer schnell expandierenden Branche jede Menge Profit machen konnte. Über den außergewöhnlichen Erfolg der Beatles, der Stones und einer Reihe weniger bedeutender Gruppen konnte man auf den Titelseiten aller Zeitungen lesen, und für angehende Unternehmer wie Lambert und Stamp tat sich eine ganze Welt kreativer und finanzieller Anreize auf. Ihr völliger Mangel an Erfahrung war in gewisser Weise sogar von Vorteil, denn dadurch gingen sie das Problem viel unbefangener an und brachten eine Reihe neuer Ideen ein, die dann in späteren Jahren zur Norm werden sollten.

Zunächst bestanden sie darauf, daß sich die High Numbers wieder ihren alten Namen The Who zulegten, weil dieser ausgefallener und damit auch auffälliger war. Zu Recht gingen sie davon aus, daß High Numbers innerhalb eines Jahres veraltet sein würden, und freuten sich schon insgeheim auf die verwirrte Frage »Wer?« (»Who?«), die der Name der Gruppe zwangsläufig nach sich ziehen mußte. Das Interrogativpronomen sollte von diesem Tag an eine ganz neue Bedeutung erhalten.

Aufgrund ihrer filmischen Erfahrung kannten Lambert und Stamp die Bedeutung des Visuellen, und so ermutigten diese Außenseiter unter den Managern die Who, eine richtige Show auf die Bühne zu legen und nicht nur für die Ohren, sondern auch für die Augen etwas zu bieten. Doch bei den Who hieß das Eulen nach Athen tragen.

Ihr Ziel klar vor Augen, besorgten sie die Beleuchtungsanlage eines Filmstudios, um die Auftritte der Who ins rechte Licht zu setzen. Gegen heute war das alles zwar noch recht primitiv, aber damals konnten The Who für sich in Anspruch nehmen, als erste Gruppe selbst für ihre Bühnenbeleuchtung gesorgt zu haben. Ebenso innovativ und sogar noch um einiges spektakulärer war ein unbeabsichtigter Vorfall im Railway Hotel in Harrow, als Pete Townshend das Temperament durchging und er versehentlich mit seiner Gitarre an die niedrige Decke des Lokals stieß. Das Instrument brach am Hals auseinander, was Pete so frustrierte, daß er es vor den Augen des staunenden Publikums vollends zu Kleinholz machte, während der Rest der Band weiterspielte. Die Auswirkungen waren in jeder Hinsicht verheerend. Die dichtgedrängte Menge drehte völlig durch, und Lambert schien von der Aktion Petes wie von der Reaktion des Publikums gleichermaßen begeistert. Ihm wurde schlagartig klar, welche Publicity es bringen würde, The Who als die Gruppe zu verkaufen, die ihre Instrumente zertrümmerte; folgerichtig forderte er Townshend dazu auf, diese Geste bei jeder Gelegenheit zu wiederholen, ganz besonders natürlich in Anwesenheit von Pressevertretern. Die Gitarre jenes Abends sollte die erste von mehreren hundert sein, die Pete in den darauffolgenden fünfzehn Jahren noch zerschmettern würde, womit er der Band für alle Zeiten den Ruf einbrachte, ihre eigene Ausrüstung auf der Bühne zu zerstören.

Das Mod-Image wurde noch eine Zeitlang beibehalten, obwohl die einzelnen Gruppenmitglieder mit dem Mod-Kult in Wirklichkeit nichts am Hut hatten. Kunststudenten waren sowieso keine Mods, wodurch Pete schon einmal ausschied, und Daltrey und Entwistle waren eher deplazierte Rocker. Nur bei Keith Moon waren echte Mod-Tendenzen zu entdecken: selbstverschuldete Schlaflosigkeit, Überaktivität und der Drang nach persönlicher Unabhängigkeit. Mit über zwei Jahren Abstand war er nun einmal der Jüngste, und deshalb stand er in der Hackordnung ganz unten und hatte wohl das Gefühl, sich ein eigenes Image zulegen zu müssen, um sich von den anderen abzusetzen. Das sollte ihm sehr schnell gelingen.

Keith Moon war damals jedoch nicht der einzige, der das Leben in vollen Zügen genoß. Auch Pete Townshend schlief in den folgenden drei Jahren so wenig, als könnte jeder Tag sein letzter sein. Die Entdeckung seines eigenen Talents, die Ermutigungen von Kit Lambert und die allgemeine Pop-Hysterie der sechziger Jahre führten Pete schnell auf einen rasanten Trip durch die Wunderwelt des kreativen Wahnsinns. Dabei fielen bis Ende 1967 eine ganze Reihe von Single-Hits ab, von denen fast jeder einzelne ein kleines Meisterwerk war.

Zu sagen, daß Lambert und Stamp ihre neuen Aufgaben mit Begeisterung anpackten, wäre schon fast eine Untertreibung. Beide waren wie von einem Fieber ergriffen, das alle zu erfassen schien, die in ihre Nähe kamen. »Vieles klappte deswegen so gut, weil sie sich über alle Regeln hinwegsetzten«, erinnert sich Mike Shaw, der neue Produktionsassistent, in der autorisierten Zusammenfassung des ersten Jahrzehnts ihrer Karriere. »Es gab so etwas wie ungeschriebene Gesetze in bezug auf die Art und Weise, wie man eine Gruppe verkaufte, aber die waren uns egal. Wir probierten einfach alles aus und warteten ab, ob es klappte. Das hat die Leute beeindruckt.«

Das Management-Team erkannte auch, wie wichtig eine treue Fangemeinde und regelmäßige Auftritte im West End waren, wo die Medien am besten für die eigenen Zwecke eingesetzt werden konnten. Beide Probleme wurden mit einem Streich gelöst. Nach gutem Zureden bot Ziggy Jackson, der die Gruppen für den Marquee Club in der Wardour Street buchte, den Who die Dienstagabende an, an denen erfahrungsgemäß am wenigsten los war. Für ihren ersten Auftritt am 24. November 1964 wurden für 300 Pfund 1500 Flugblätter und 2500 Werbezettel in Mod-Klubs verteilt. »The Who – der Gipfel des Rhythm'n'Blues« hieß es darauf.

An Leute, die als Mods erkennbar waren, wurden Freikarten verteilt, und außerdem gründete man einen Fanklub mit dem Namen »The Hundred Faces«, um eingefleischten Who-Fans freien Eintritt zu allen Shows der Band zu ermöglichen.

Am Eröffnungsabend regnete es in Strömen, und so kamen nur 69 zahlende Zuschauer. Dann aber kam durch Mundpropaganda – die beste Werbung überhaupt – der Stein ins Rollen: Innerhalb von drei Wochen hatten die Who mit ihrer Dienstagabendvorstellung im Marquee den Hausrekord gebrochen, den bis dahin Manfred Mann gehalten hatte, der vier Monate zuvor mit *Do Wah Diddy Diddy* an der Spitze der Hitparade gewesen war.

I Can't Explain

Die Aktivitäten der Manager beschränkten sich nicht auf die Shows der Band. Auf Anregung von Lambert und Stamp arbeitete Townshend verbissen an eigenen Songs, und Demo-Bänder wurden an Plattenfirmen, Musikverlage, Produzenten und alle möglichen einflußreichen Leute geschickt, von denen man glaubte, daß sie der Karriere der Band auf die Sprünge helfen könnten. Townshend hatte schon achtzehn Monate zuvor mit dem Schreiben eigener Songs begonnen: Seine erste Komposition mit dem Titel *It Was You* wurde von einer Gruppe mit dem Namen The Naturals aufgenommen und 1963 von EMI unter dem Parlophone-Label herausgebracht.

Einige Songs von Townshend wie *The Kids Are Alright* und *I Can't Explain* hatte die Band schon unter dem Namen The High Numbers aufgenommen, und das entsprechende Band wurde nun an eine Unzahl von Plattenfirmen geschickt.

Zu ihrem Leidwesen hatten Lambert und Stamp größte Probleme, einen neuen Plattenvertrag für The Who zustandezubringen. Philips hatte kein Interesse mehr, während EMI in einem netten Brief zwar eine gewisse Sympathie bekundete, aber den Managern wenig Grund zur Hoffnung gab. »Ich ... kann leider nicht entscheiden, ob sie wirklich etwas zu bieten haben«, schrieb John Burgess, der Assistent von Norman Newall, dem zuständigen Manager von EMI. »Falls Sie jedoch inzwischen bei einer anderen Firma unterschrieben haben, wünsche ich Ihnen von Herzen alles Gute und viel Erfolg.«

Shel Talmy war ein aus den USA stammender Plattenproduzent, der durch die Hits einer anderen Londoner Gruppe, der Kinks – *You Really Got Me* und *All Day And All Of The Night* – im Jahr 1964 auf sich aufmerksam gemacht hatte. Er war als einziger von den Demos der Who beeindruckt und unterschrieb ohne zu zögern mit Lambert und Stamp einen Vertrag. Dessen Konditionen zogen jedoch in den nächsten zwölf Monaten derart viele Pro-

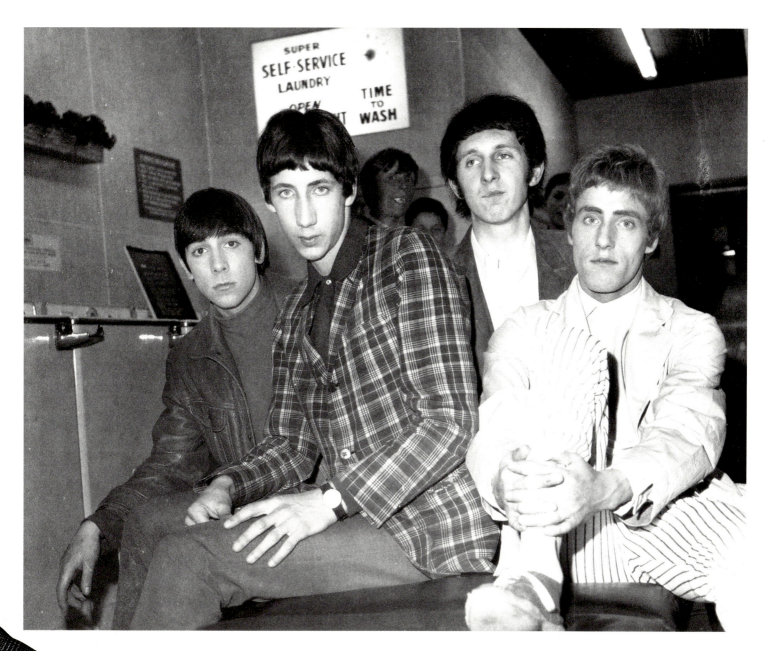

bleme nach sich, daß die Verbindung mit Talmy schließlich mit Prozessen, bösem Blut und finanziellen Rückschlägen für die Gruppe und ihr Management endete.

Mit Talmy als Produzenten hatten sich die Who an die amerikanische Tochterfirma der Londoner Decca gebunden. In Großbritannien sollten ihre Platten unter dem Brunswick-Label herauskommen, das bis dahin nur durch die Songs von Bill Haley bekannt war, in Amerika dagegen unter Decca – falls die Amerikaner es überhaupt für lohnend erachteten, eine Platte der Who auf den Markt zu bringen. Noch frustrierender aber war, daß der Vertrag keinerlei zeitliche Befristung enthielt, was dazu führte, daß Talmy später den Anspruch erhob, The Who bis in alle Ewigkeit zu produzieren.

Doch alle diese potentiellen Probleme traten in den Hintergrund, als die Band die erste Komposition von Pete Townshend unter dem neuen Label aufnahm. Sieht man von *I'm The Face* als klassischem Fehlstart einmal ab, dann war *I Can't Explain* sicher eine der stärksten Debüt-Singles, die je aufgenommen wurden – ein zeitloses Kunstwerk, das *Love Me Do* von den Beatles und *Come On* von den Rolling Stones weit in den Schatten stellt. Nichts spricht mehr für den Song als die Tatsache, daß die Band ihn fünfzehn Jahre lang immer wieder live spielte. Eine Komposition von Shel Talmy mit dem Titel *Bald Headed Woman*, die vorher schon von den Kinks aufgenommen worden war, wurde als B-Seite ausgewählt. In den frühen Sechzigern war dies eine gängige Praxis, weil der Produzent dadurch zusätzlich Tantiemen kassieren konnte, falls die A-Seite ein Hit wurde.

Der Text von *Explain* handelte von den

Frustrationen eines maulfaulen Mods und wurde untermalt von Pete Townshends ersten Gitarrenriffs, die durchgängig von einer leeren Saite – meist A oder D – bestimmt waren. Das Riff erinnerte an die Kinks, was natürlich kein Zufall war, denn schließlich hatte Talmy die Platten dieser Gruppe produziert. Außerdem war bei der Aufnahme von *Explain* ein junger Session-Gitarrist namens James Patrick Page dabei, der sich sein Geld damit verdiente, allen möglichen unerfahrenen Gruppen einschließlich der Kinks im Studio auszuhelfen. Auch die Who waren im IBC-Studio bald in der Minderheit gegenüber den Session-Leuten, die Talmy mitgebracht hatte für den Fall, daß die Band die Standards nicht erfüllen konnte.

»Talmy mochte unsere Hintergrundstimmen nicht und hat deshalb die Ivy League eingeschleust«, erzählte John Entwistle einige Jahre später. »Auch von Townshends Fähigkeiten als Gitarrist war er nicht restlos überzeugt – deshalb Jimmy Page. Pete ließ Page nicht auf seiner zwölfsaitigen Rickenbacker spielen, und Page wollte Pete für die B-Seite seine Fuzzbox nicht leihen, weshalb Page auf *Bald Headed Woman* die Leadgitarre spielte. Und wenn es nach Talmy gegangen wäre, hätte er statt Moon wahrscheinlich Clem Cattini ans Schlagzeug gesetzt.«

I Can't Explain kam am 15. Januar 1965 auf den Markt, und zur Feier des Tages reichte John Entwistle bei der Steuerbehörde seine Kündigung ein. Als einziger hatte er bis dahin seinen Job behalten, um sich finanziell abzusichern. Daltrey hatte seine Arbeit längst aufgegeben, aber sich gleichzeitig klammheimlich eine Frau namens Jaqueline zugelegt, die ihm bald einen Sohn, Simon, schenken sollte und der Band gegenüber eine immer feindseligere Einstellung an den Tag legte. Auch Moon gab leichten Herzens seinen Job auf, und bei Townshend trat das Kunststudium immer mehr in den Hintergrund.

Die Platte kam am 14. Februar in den Charts gleich auf Platz 47 und kletterte dann auf Rang 25, bevor sie wieder ganz herausfiel. Das rief Lambert und Stamp auf den Plan, die 350 Pfund in einen Film über die Band investierten und diesen für 25 Pfund an eine Fernsehsendung mit dem Titel »That's For Me« verkauften. Die Woche darauf kam *I Can't Explain* wieder in die Charts auf Platz 23, und nachdem es der Gruppe in letzter Minute gelungen war, in »Top Of The Pops« aufzutreten, erreichte der Song mit Platz 8 seinen höchsten Stand.

Die erste Finanzkrise

Zu einer Zeit, in der jeder, der in England eine Elektrogitarre besaß, fast zwangsläufig einen Hit zu landen schien, war der kommerzielle Einstand von The Who nicht gerade umwerfend. Von *I Can't Explain* wurden 104 000 Exemplare verkauft, was brutto etwa 35 000 Pfund einbrachte. Davon gingen etwa 10 000 Pfund an den Einzelhandel, 16 000 an Decca und 5000 ans Finanzamt. Nach Abzug der Werbeausgaben blieben den Who noch etwa 250 Pfund pro Mann, wobei Townshend als Songschreiber etwas mehr bekam. Lambert und Stamp blieben nur die roten Zahlen.

Nach dreiwöchigen Verhandlungen zwischen New Action Ltd. (der vom Management-Team gegründeten Firma), Decca und Shel Talmy wurden die Tantiemen der Who von zweieinhalb auf vier Prozent angehoben, aber Lambert und Stamp waren damit noch lange nicht glücklich. »Das nennt man den Mythos des Popgeschäfts«, meinte Lambert traurig, als er die Rechnungen überflog.

Ein gewisser Ausgleich ergab sich dadurch, daß die Who nach ihrem Vordringen in die Hitparaden mehr Gage für ihre Auftritte bekamen, aber entsprechend stiegen auch die Ausgaben für ihre spektakuläre und destruktive Show. Jetzt aber hatte auch die Musikpresse die Gruppe entdeckt: Im Melody Maker, New Musical Express und Disc Weekly erschienen Artikel über die Band. The Who taten in Interviews ihr Bestes, um die Erwartungen ihrer Manager zu erfüllen, aber so faszinierenden Lesestoff ihre Übertreibungen auch boten, waren sie doch eher das Produkt von Lamberts Phantasie als von Stamps Realitätssinn.

John Entwistle schien von einer Art Identitätskrise befallen, denn je nach Stimmung änderte er seinen Namen in John Alison oder John Brown. Amüsanter gab sich da schon Pete Townshend, wenn er die Standpunkte und die Vorbilder der Band beschrieb. In der Kunstakademie war Pete auf das Werk des selbstzerstörischen Künstlers Gustav Metzger gesto-

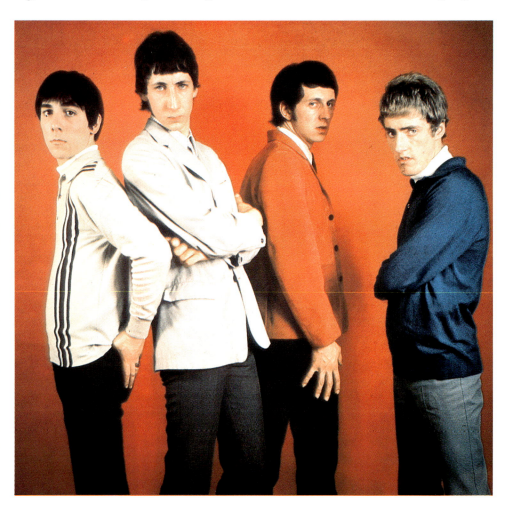

ßen, und eben diesen Metzger zog Pete nun als Rechtfertigung für die Exzesse der Who auf der Bühne heran. Gleichzeitig aber fiel Townshend bei seinen Interviews durch eine Redseligkeit auf, die die Reporter keinen Augenblick daran zweifeln ließ, daß er ernstgenommen werden wollte.

Beobachtern der Szene wurde bald klar, daß The Who nicht nur aus vier eigenständigen Persönlichkeiten bestand, sondern daß diese auch, im Gegensatz zu anderen Gruppen, nicht immer miteinander übereinstimmten und keine Hemmungen hatten, darüber zu sprechen.

Pete zum Beispiel hatte in DISC geäußert: »Wir kommen schlecht miteinander aus. Roger geht allen auf die Nerven, weil er nie mit dem Sound zufrieden ist und als einziger immer daran herummeckert. Roger ist meines Erachtens ganz und gar kein guter Sänger. Auf der Bühne ist er nicht schlecht, aber ich habe das Gefühl, er sieht uns als eine Art Hintergrundgruppe statt als gleichberechtigte Partner. Er wird wohl nie begreifen, daß The Who nicht seine Hintergrund-Band ist.«

Roger hatte im NEW MUSICAL EXPRESS ergänzt: »Streit? Klar, haben wir immer. Deswegen läuft's bei uns ja so gut. Das turnt uns irgendwie an. Jeder von uns hat ein ziemlich explosives Temperament – wie eine Bombe, die jederzeit hochgehen kann. Wir sind alles andere als Freunde.«

Selbst Keith gestand in RAVE: »Am Anfang bin ich mit Pete und Roger nicht warm geworden. Außer der Musik haben wir wirklich nichts gemeinsam.«

Das Problem hieß Roger. Von Beginn an, seit den Tagen der Detours, war er der unbestrittene Bandleader gewesen, doch im Lauf der Zeit war seine Führungsrolle immer mehr unterminiert worden, erst von Townshend und dann durch Lambert und Stamp. Als Monat um Monat verging, die Arbeit sich häufte und der Streß zunahm, wurde er immer frustrierter und brütete vor sich hin. Probleme mit Worten auszutragen war nicht gerade eine von Rogers stärksten Seiten: Er zog es vor zu schreien, um sich zu schlagen und seinen Standpunkt auf die einzige Weise klarzumachen, die er kannte: mit Gewalt. Umgeben von Intellektuellen und Künstlern, wurde er wortkarg und aggressiv und neigte dazu, seine Umgebung zu tyrannisieren. Ständig drohte er in die Luft zu gehen, und oft wußten die Betroffenen dabei gar nicht, wie ihnen geschah.

Selbstzerstörung

Im Mai 1965 hatten The Who ihr Mod-Image abgelegt und fingen an, ihre Kleidung selbst zu entwerfen, nachdem Lambert und Stamp zu dem Schluß gekommen waren, daß die Gruppe als Trendsetter mehr Erfolg haben würde, als wenn sie immer nur den Trends hinterherlief. Bald trug John – und später auch Pete – Jacken mit dem Muster und den Farben des Union Jacks und auf ihrer Bühnenausrüstung verteilten sie willkürlich militärische Insignien. Das Ganze nannte sich dann Pop-art, und damit setzte sich die Band visuell ebenso von der Konkurrenz ab wie in musikalischer Hinsicht. Auch die parallel laufende Pressekampagne wurde perfekt inszeniert.

»Aus wertlosen Gegenständen – einer Gitarre, einem Mikrophon, einer Pop-Melodie – extrahieren wir einen neuen Wert«, erklärte Pete dem OBSERVER, der die Who auf der Titelseite seines Sonntagsmagazins vom 20. März bringen wollte. »Wir nehmen Objekte, die eine bestimmte Funktion haben, und geben ihnen eine andere. Und das selbstzerstörerische Element – die Art und Weise, wie wir unsere Instrumente zerstören – verleiht dem Ganzen eine größere Unmittelbarkeit.«

Fast ohne Luft zu holen, erzählte Pete dem MELODY MAKER: »Wir stehen in Kleidung, Musik und Benehmen für Pop-art. Die Leute vergessen meistens, daß wir auch privat nicht anders sind. Wir leben

die Pop-art. Unsere nächste Single wird Pop-art sein, jedenfalls haben wir sie in dieser Absicht geschrieben. Das Stück ist aber nicht nur Pop-art, sondern vom Text her jugendlich und rebellisch. Es wendet sich gegen die Leute mittleren Alters, gegen die Oberschicht und gegen Menschen, die jung heiraten.«

Die Pop-art-Single, die am 21. Mai herauskam, war ein weiterer Hammer aus der Feder von Pete Townshend, auch wenn Roger diesmal am Text beteiligt war. *Anyway, Anyhow, Anywhere* sollte die Bühnenshow der Gruppe auf Platte einfangen und hatte deshalb alles, was dazugehörte: Feedback, elektronische Spielereien und die Zerstörung diverser Instrumente. Roger trat ein weiteres Mal als Mod auf, doch inzwischen war er längst ein ziemlich anmaßender Aufschneider, bereit, es gegen die ganze Welt aufzunehmen. Am 27. Mai erreichte *Anyway, Anyhow, Anywhere* mit Platz 10 seinen höchsten Stand in den Charts und wurde 88000mal verkauft, während Sandie Shaw mit dem kindischen *Long Live Love* ganz an der Spitze stand.

Im selben Monat traten The Who zum ersten Mal in der Fernsehshow »Ready Steady Go!« auf, einer live übertragenen Pop-Show, die bis zum heutigen Tag den Maßstab setzt, an dem jede Präsentation von Pop-Musik im Fernsehen gemessen werden muß. Lambert und Stamp hatten die geniale Idee, für diese Sendung den harten Kern der Who-Fans ins Fernsehstudio von Wembley zu schleusen. Nichteingeweihten muß die Sendung deshalb wie ein Who-Special vorgekommen sein.

»Von allen Gruppen in ›Ready Steady Go!‹ waren die Who am typischsten für die Sendung«, meint Vicky Wickham, der damalige Produzent der Show. ›Ready Steady Go!‹ war immer topaktuell, und oft waren wir den neuesten Trends sogar voraus. Als wir zum ersten Mal die Who brachten, kamen schon vor der Sendung Hunderte von Who-Fans und umlagerten das Gebäude, alle mit Who-Schals und Pop-art-Strickjacken. Viel später erst gab Kit Lambert zu, daß die Fans nicht einfach so gekommen waren, sondern ganz gezielt im Zentrum von London ausgesucht und dann mit Bussen zum Studio gekarrt worden waren.«

Weniger glorreich verlief die lange Reihe von einmaligen Gastspielen der Gruppe im Sommer 1965. Die damals üblichen Tourneen, bei denen mehrere Bands gemeinsam durchs Land zogen, frustrierten die Who. Sie waren jeweils nur zehn bis fünfzehn Minuten auf der Bühne, was gerade für ihren neuesten Hit, ihre letzte Platte und einen weiteren Song reichte – viel zuwenig für The Who, um richtig in Fahrt zu kommen, und abgesehen davon war das Publikum damals ohnehin nur an der jeweiligen Hauptgruppe interessiert. Das Management und die Band beschlossen deshalb, sich auf Ballsäle und Klubs zu konzentrieren.

»Als wir so durchs Land zogen«, erinnert sich Mike Shaw, »machte ich mir immer kurze Notizen über jeden Gig – über die Größe des Saals, das Publikum, die Eintrittspreise und die beliebtesten Gruppen in der jeweiligen Gegend –, und so wußten wir immer, wo es sich am ehesten lohnte, noch einmal aufzutreten, und wo man es am besten bleiben ließ.«

Doch die Tourneen waren teuer, und die außerplanmäßigen Aktivitäten der Who ließen ihren Schuldenberg noch weiter anwachsen. Die Gruppe und ihr Management aber schien das nicht sonderlich zu stören. Selbst gegen einen merkwürdigen Artikel, der im August 1965 im MELODY MAKER erschien und die finanzielle Lage der Band mit ironischem Unterton analysierte, hatten sie nichts einzuwenden. Die Zeitschrift berichtete wie folgt:

PETE TOWNSHEND: Den größten Instrumentenverschleiß hat der Gitarrist der Gruppe, Pete Townshend. Seine neun

Gitarren hat er alle auf Raten gekauft. Fünf von ihnen kosteten je 170 Pfund, vier davon sind bereits Kleinholz. Darüber hinaus besitzt er noch eine importierte zwölfsaitige Gitarre für 50 Pfund, eine sechssaitige für den gleichen Preis, eine sechssaitige Baßgitarre für 200 und eine akustische Gitarre für 50 Pfund. Das macht zusammen 1200 Pfund an Gitarren. Aber das ist noch nicht alles. Herr Townshend läßt verlauten, daß er noch alle Verstärker und Lautsprecher besitzt, die er sich je angeschafft hat; er verwendet sie für Plattenaufnahmen. Es handelt sich dabei um drei Verstärker für je 150 Pfund, zwei Stereo-Verstärker für je 80 Pfund sowie vier Hundert-Watt-Verstärker für je 160 Pfund, dazu fünf Lautsprecher im Wert von je 80 Pfund und drei zu je 160 Pfund. Pete nimmt viele Singles für die Gruppe und andere Künstler in seinem eigenen Studio auf, dessen Einrichtung 1000 Pfund verschlungen hat. Monat für Monat verbraucht er acht Sätze Gitarrensaiten und um die hundert Schlagblättchen. Weiterhin schafft er für die Gruppe und sich selbst jeden Monat vier oder fünf Verstärkerkabel für 10 Pfund an. Die monatlichen Reparaturkosten für die Ausrüstung der Band belaufen sich auf rund 50 Pfund. Etwa 20 Pfund pro Woche gibt Pete für Jacketts aus.

KEITH MOON: Auch der Drummer Keith schlägt sich wacker. In den zehn Monaten, die er nun bei der Band ist, hat er immerhin schon drei komplette Schlagzeuge für 150, 400 und knapp 500 Pfund verbraucht. Das macht 1050 Pfund – alles auf Raten gekauft. Keiths Ausgaben für Trommelstöcke sind phänomenal: Pro Abend zerbricht er etwa vier Paar Stöcke für je 1 Pfund, was im Monat über 100 Pfund ausmacht. Ungefähr alle zwei Wochen geht ein Becken zu Bruch, was monatlich mit weiteren 40 Pfund zu Buche schlägt. Wie viele Felle er verbraucht, kann er schwer einschätzen, denn das ist unterschiedlich. Eines kostet 25 Shilling. Privat gibt Keith eine Menge Geld für Luxusartikel wie Plattenspieler, Kameras, Tonbandgeräte und Klamotten wie weiße Lederjacken, die nicht für seine Bühnenauftritte bestimmt sind, aus. Für LPs braucht er gute 8 Pfund pro Woche.

ROGER DALTREY: Der Sänger Roger hat ein eigenes Verstärkersystem für 500 Pfund, das er auf Raten abstottert. Abgesehen von seinem Gesang ist er dafür berüchtigt, daß er wilde Gitarrensoli begleitet, indem er mit seinem Mikro über ein Becken des Schlagzeugs fährt. Manchmal genügt ein einziger Schlag, und das Mikro ist hinüber. Roger verschleißt Mikrophone für etwa 35 Pfund pro Woche. Der begeisterte Autofahrer ist Eigentümer des Gruppenfahrzeugs (1000 Pfund auf Raten), auf das die Band im äußersten Notfall zurückgreifen kann. Die anderen tragen zwar zu den laufenden Kosten bei, aber gekauft hat das Auto Roger. Wie alle Gruppenmitglieder gibt er etwa 2 Pfund pro Woche für Friseur und Make-up aus. Die meisten seiner Hemden sind maßgeschneidert und haben zwischen 6 und 10 Pfund gekostet. Der Kleiderkauf läuft meist so ab, daß die Jungs zu zweit oder zu dritt in der Carnaby Street auftauchen und dort auf einen Schlag 200 Pfund ausgeben – aber nicht etwa für teure Anzüge, sondern Sachen wie T-Shirts und Schuhe. Das geschieht ungefähr einmal im Monat. Die Who gehen davon aus, daß ihnen pro Woche mindestens ein Kleidungsstück gestohlen wird, hauptsächlich aus Garderoben.

JOHN ENTWISTLE: Das Kaufen von Gitarren ist für den Baßgitarristen John eine wahre Manie. Er besitzt gleich zehn davon, die im Schnitt etwa 150 Pfund gekostet haben – auf Ratenbasis natürlich. Außerdem hat er noch vier Baß-Boxen, für die er je 160 Pfund bezahlen muß, und drei 100-Watt-Verstärker für ebenfalls je 160 Pfund. Der Wert seiner gesamten Ausrüstung beträgt fast 3000 Pfund. Seine Ausgaben treibt er noch weiter dadurch in die Höhe, daß er pedantisch auf den Zustand seiner Saiten achtet und deshalb pro Monat etwa acht Sätze zu je 4 Pfund verbraucht. John hat vor, sich für 150 Pfund ein Go-Kart anzuschaffen – eine Sportart, die auch die anderen in der Band betreiben wollen. Was Kleidung betrifft, trägt er zu den Gesamtausgaben von 200 Pfund seinen Teil bei. Er hat ein Faible für teure Veloursl ederjacken (25 Pfund) und war der erste, der sich für 30 Pfund ein Union-Jack-Jackett hat schneidern lassen.

Pete Townshend: »Wir stehen für Pop-art – in Kleidung, Musik und Benehmen.«

My Generation

Die meisten dieser Behauptungen waren natürlich glatt erlogen, aber sie verliehen der Gruppe ein Image, das die weniger intelligenten unter den Fans ansprach. Verschwiegen hatte der MELODY MAKER allerdings, woher das Geld für diese Extravaganzen kam. Die Ersparnisse von Lambert und Stamp waren längst aufgebraucht, und vor Lamberts Appartement in Eaton Place standen die Gläubiger schon Schlange. Zum Glück war Belgravia eine sehr gute Adresse, die für Kreditwürdigkeit und Sozialprestige der Bewohner bürgte.

Auch Pete Townshend war inzwischen nach Belgravia gezogen. Für 12 Pfund pro Woche hatte er eine – schon für damalige Verhältnisse billige – Wohnung in der Elbury Street gemietet, wo er den ganzen Tag mit Klängen und neuen Songs experimentierte. Dort wurde auch *My Generation* geschrieben und als Demo aufgenommen, der Song also, mit dem The Who endgültig in die Rockgeschichte eingingen. Er war zunächst als langsamer Blues gedacht und entwickelte sich dann unter dem Einfluß von Lambert und Stamp über zwei weitere Versionen bis hin zur endgültigen Fassung.

Mit dem Superhit *My Generation* erreichten The Who den Höhepunkt ihrer Mod-Phase. Zu Petes Gitarre, Johns Baßgitarre und dem unbarmherzigen Hämmern von Keiths Schlagzeug stammelte Roger den lange angestauten Frust seiner Generation heraus: »Alle ziehen über uns her, nur weil wir anders sein wollen. In dieser kalten Welt bleibt mir nur die Hoffnung, daß ich sterbe, bevor ich alt werde und von meiner Jugend erzähle.«

Dieser musikalische Wutausbruch, in dessen Verlauf zweimal die Tonart wechselte, zog sich mit unverminderter Wucht über drei Minuten hin, bevor der Song in einer wahren Orgie, wie es sie bis dahin auf Platte noch nie gegeben hatte, seinen spektakulären Höhepunkt erreichte. Obwohl ihre Plattenkarriere noch kein Jahr alt war, hatten die Who einen Monster-Hit geschaffen, einen Rock-Klassiker, der als perfekter Ausdruck seiner Zeit galt. Selbst wenn die Band nie mehr ein Plattenstudio betreten hätte, wäre ihr allein damit schon ein Ehrenplatz in der Rockgeschichte sicher gewesen.

Obwohl formell die Produktion von *My Generation* Shel Talmy zugeschrieben wird, war es in Wahrheit Lambert, der die intensiven Proben überwacht und darauf bestanden hatte, daß Daltrey sich durch den Text stottern sollte, was diesem anfangs gar nicht gefiel. Noch heute existieren verschiedene Versionen von *My Generation*, von denen die ersten beiden weder das Gestammel von Daltrey noch das Baßgitarrensolo von Entwistle enthalten.

»Um den richtigen Effekt zu erzielen«, sagte Entwistle, »mußte ich einen Danelectro-Baß nehmen, weil der dünne Saiten hatte, die diesen schwirrenden Effekt bewirkten. Schon bei der ersten Session sind sie mir gerissen, und da niemand Ersatz besorgt hatte, kaufte ich schnell eine neue Baßgitarre für 60 Pfund.

Blöderweise sind mir bei der nächsten Session wieder die Saiten gerissen. Nun hatte ich also zwei Danelectro-Baßgitarren ohne Saiten, und so mußte ich für die endgültige Version eine dritte Gitarre kaufen.«

Am 4. September wurde der Wagen der Gruppe ausgerechnet vor einem Hundezwinger gestohlen, in dem die Who gerade einen Wachhund kaufen wollten. Als er wieder auftauchte, fehlte Ausrüstung im Wert von 5000 Pfund, die kurzfristig ersetzt werden mußte.

Rogers Entlassung

Als *My Generation* Anfang November 1965 herauskam, erreichte hinter den Kulissen der lange schwelende Streit innerhalb der Band einen ersten Höhepunkt.

Im selben Monat wurde Roger Daltrey auf einstimmigen Beschluß der anderen vor die Tür gesetzt. Die dünnen Fäden, die den wilden Haufen zusammengehalten hatten, waren gerissen, und der verstimmte Sänger zog sich zu seiner schwangeren Frau zurück. Vom Rest der Gruppe und ihrem neurotischen Management hatte er gründlich die Nase voll. Für die übrigen Mitglieder der Who wurden schon verschiedene Alternativen durchgespielt: Moon und Entwistle sollten gemeinsam eine neue Gruppe gründen, während Townshend mit dem von Brian Epstein gemanagten Trio Paddy, Klaus und Gibson zusammengehen sollte. Eine weitere Überlegung lief darauf hinaus, daß Boz Burrell, der Bandleader einer Gruppe namens Boz's People, der später bei King Crimson und Bad Company auftauchte, anstelle von Roger als Sänger der Who einspringen sollte, doch ließ er im MELODY MAKER wissen, daß er mit einem so chaotischen Haufen wie The Who nichts zu tun haben wollte.

Nach knapp einer Woche hatte Roger seinen verletzten Stolz überwunden und kehrte mit dem feierlichen Versprechen, seine Aggressivität zu zügeln, in die Band zurück. Er hatte vergeblich versucht, sich eine Zukunft ohne The Who vorzustellen, und war zu dem Schluß gekommen, daß die Gruppe wichtiger war als sein gekränktes Ego.

»Ohne die Band wäre ich wie tot gewesen«, sagte er. »Mir wurde klar, daß ich nur mit The Who erfolgreich war und ohne die Gruppe mein Leben lang in der Fabrik arbeiten müßte. Also habe ich mich zusammengerissen ... ein paar Jahre wenigstens.«

Zehn Jahre danach erklärte Pete Townshend in der amerikanischen Fachzeitschrift RECORD WORLD: »Am Anfang wurde die Gruppe von Roger mit eiserner Hand geführt. Inzwischen ist er schon lange nicht mehr so, aber früher wollte er immer um jeden Preis seinen Kopf durchsetzen. Wenn er es einmal nicht schaffte, machte er jedesmal einen Riesenaufstand und schlug einem am Schluß in die Fresse. Das ließen wir uns natürlich nicht lange gefallen, und so haben wir uns zusammengesetzt und Roger höflich gebeten, die Gruppe zu verlassen. Dann aber intervenierte Kit Lambert und bat uns, ihm noch eine Chance zu geben, und das taten wir dann auch – unter der Bedingung, daß Roger seine Argumente künftig nicht mehr mit Gewalt durchzusetzen versuchen würde. Er versprach, friedlich zu sein, und das ist ihm auch gelungen. Roger mußte sich grundlegend ändern, und daß er es geschafft hat, zeigt, wie viel ihm die Gruppe wert war.«

My Generation wurde 300 000mal verkauft und kam in den Charts auf Platz zwei, den höchsten Punkt, den eine Who-Single in Großbritannien je erreichte. Es wäre kaum vorstellbar gewesen, im November in »Top Of The Pops« einen anderen Sänger zum Playback von Rogers Stimme auftreten zu lassen, und der künstlerische wie kommerzielle Erfolg des Songs war wohl der letzte Anstoß für Roger, sich zu ändern.

Dennoch drangen Trennungsgerüchte zum MELODY MAKER durch, der diesem Thema in seiner Ausgabe vom 20. November die Titelseite widmete. Auf den kurzen Bericht über Rogers Abgang und Keith Moons angebliche Wünsche, »sich im Percussion-Bereich auf anderen Gebieten weiterzuentwickeln«, folgte jedoch ein entschiedenes Dementi von Chris Stamp.

»Das ist absoluter Schwachsinn«, sagte Stamp. »Ehrlich, so einen Quatsch habe ich noch nie gehört. Glaubt denn wirklich jemand ernsthaft, daß die Who sich ausgerechnet jetzt auflösen? Daß es Konflikte in der Gruppe gibt, ist ein offenes Geheimnis, und in letzter Zeit ist die Sache ein bißchen eskaliert, aber deshalb gehen die Jungs doch nicht gleich auseinander. Ständig heißt es, Roger verläßt die Gruppe, aber das ist alles Quatsch. Ein für allemal: The Who bleiben zusammen.«

Roger trug nicht gerade dazu bei, die Gerüchte zu entkräften, als er in derselben Woche während einer Vorstellung im Empire Pool von Wembley wütend von der Bühne stürmte. Er weigerte sich, mit dem Mikro und dem Verstärkersystem, das die Veranstalter zur Verfügung gestellt hatten, weiterzumachen, und so wurde schließlich der Verstärker der Who herangeschafft, und die Show konnte weitergehen.

Nicht zum ersten Mal wurde die schmutzige Wäsche der Who in aller Öffentlichkeit gewaschen.

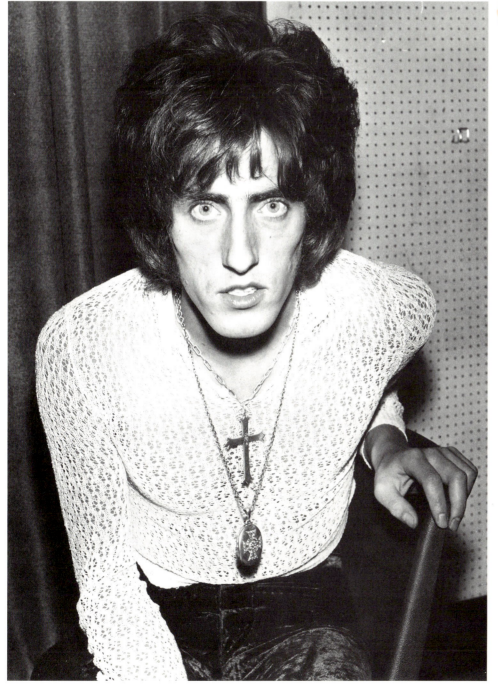

Der Rechtsstreit beginnt

Das erste Album der Who, *My Generation*, kam nach einigen Verzögerungen im Dezember auf den Markt. Ursprünglich hatte die Gruppe Stücke aus ihrem Live-Programm auf ihre erste LP bringen wollen, aber nachdem das Publikum mit The Who immer mehr Pete Townshends Eigenkompositionen identifizierte, ließ man diese Idee zugunsten einer Mischung aus Cover-Versionen und Originalen von Townshend fallen.

My Generation, das in nur sieben Stunden mit Nicky Hopkins am Klavier und Shel Talmy als Produzenten aufgenommen wurde, zeugt von der ungeheuren Energie, die damals in der Band steckte. Rogers Gesang wirkte zwar reichlich roh, aber die Instrumentalarbeit der Band – besonders das Schlagzeug von Keith und Petes Gitarreneffekte – war beispielhaft. Der Song *The Kids Are Alright* war eine großartige Mod-Hymne, während *A Legal Matter* die Rechtsstreitigkeiten anzukündigen schien, die Ende 1965 schon abzusehen waren. Das einzige Instrumentalstück des Albums, *The Ox* (Johns Spitzname), war für die damalige Zeit einmalig.

Aufgrund des Erfolgs von *My Generation* verdienten die Who jetzt 300 Pfund pro Auftritt, doch wegen der kolossalen Ausgaben hatten Lambert und Stamp nach wie vor Probleme, die Rechnungen zu bezahlen. Ihre Ersparnisse von 6000 Pfund waren nun restlos aufgebraucht, und ihre Luxusappartements hatten sie gegen billige Buden eingetauscht. Amerika, so glaubten sie, war der Schlüssel zum Erfolg, und so flog Chris Stamp im Januar nach New York und versuchte zwei Wochen lang, die Amerikaner für die Band zu begeistern.

Im ganzen Jahr 1965 hatten die Briten die amerikanische Popszene fest im Griff. Dutzende mittelmäßiger Bands hatten im Gefolge der Beatles den Atlantik überquert und in den Charts Erfolge erzielt, die eher auf das Konsumfieber des amerikanischen Publikums als auf ihr musikalisches Talent zurückzuführen waren. Die Platten der Who waren dabei untergegangen, denn abgesehen davon, daß sie keine US-Tournee vorweisen konnten, hatten sie ein völlig falsches Image. In USA gab es keine Mods, und die weiblichen Teenager, die der Dave Clark Five zujubelten, fanden wenig an einem blonden Rohling, einem knochigen Gitarristen mit überdimensionierter Nase, einem schafsgesichtigen Baßgitarristen und einem Drummer mit hervorquellenden Augen, der zudem nicht ganz dicht zu sein schien.

I Can't Explain, das im Februar auf den amerikanischen Markt gekommen war, erreichte nur Platz 93; *Anyway, Anyhow, Anywhere* kam gar nicht erst in die Hot 100, und selbst *My Generation* schaffte es trotz großen Werbeaufwands nach fünf Wochen in den Charts nicht weiter als bis Platz 74.

Nachdem Stamp ohne greifbaren Erfolg einige Tage lang verschiedene Rundfunksender und Agenturen abgeklappert und die begrenzten Möglichkeiten der American Decca erkannt hatte, erklärte er Sir Edward Lewis, dem Chef der Decca-Gruppe, der sich gerade in New York aufhielt, daß er die Who von seinem Label loseisen wollte. Atlantic Records hatte Stamp für einen Vertrag mit den Who 10000 Pfund und erstaunliche zehn Prozent Tantiemen angeboten, was damals ungewöhnlich viel war. Sir Edward Lewis jedoch wollte die Band nicht aus ihrem Vertrag entlassen. Da rief Stamp kurzerhand Lambert in London an und riet ihm, den Vertrag einfach zu brechen.

Aber nicht nur der Frust in Amerika bewog New Action Ltd. dazu, das Recht in eigene Hände zu nehmen. Das Verhältnis der Who zu ihrem Produzenten Shel Talmy war inzwischen so schlecht, daß die Band in Großbritannien dringend eine neue Plattenfirma brauchte.

»Ich erfuhr brieflich, daß meine Dienste nicht mehr gefragt waren«, erklärte Talmy der RECORD WORLD. »Ich hatte nie Streit mit der Gruppe, aber sie waren alle sehr jung und standen zu sehr unter dem Einfluß ihrer Manager. Kit Lambert ist nicht gerade mein Freund, und deshalb war ich in gewisser Hinsicht ganz froh, nichts mehr mit ihm zu tun zu haben. Einmal hätten wir uns sogar fast geprügelt.«

Townshend meinte dazu später: »Shel bildete sich ein, daß wir nur ein Haufen von Deppen waren und ohne ihn keine Chance gehabt hätten. Er wollte der Gruppe immer einen bestimmten Sound aufzwingen, und das machte uns sehr unflexibel. Aber zweifellos war er sehr talentiert, und vielleicht wäre The Who ohne ihn wirklich nie aus den Startlöchern gekommen.«

Keiths Hochzeit

Bei der Trennung zwischen The Who und Shel Talmy gab es viel böses Blut. Das führte dazu, daß in den Monaten darauf einige Who-Singles unter anderen Labels erschienen, Townshend vor Gericht zitiert wurde und man schließlich eine Einigung erzielte, die Talmy für fünf weitere Jahre Tantiemen für alle Who-Platten zusicherte und den Vertrieb in den USA durch American Decca festschrieb.

Als nächste Single der Who sollte am 18. Februar der Townshend-Song *Circles* herauskommen, doch wurde dies in letzter Minute infolge des Rechtsstreits verhindert. So entstand mit der Band selbst als Produzenten in den Olympic Studios in Barnes ihr neuer Song *Substitute*, der im Who-Repertoire keinen Vergleich zu scheuen brauchte. *Substitute* kam am 4. März bei Reaction heraus, einem neuen Label, das von Polydor vertrieben wurde und von Robert Stigwood allein zu dem Zweck gegründet worden war, Who-Singles zu veröffentlichen. Der noch von Talmy produzierte Song *Circles* sollte ursprünglich auf die B-Seite, wurde aber schnell durch *Instant Party* ersetzt. In Wirklichkeit handelte es sich um den gleichen Song, der lediglich neu aufgenommen wurde und einen neuen Titel erhielt, um mögliche juristische Probleme zu vermeiden. Doch der Trick zog nicht; noch bevor das Vinyl aushärten konnte, wurde bereits Klage eingereicht.

Talmy erwirkte eine einstweilige Verfügung gegen das Erscheinen von *Substitute/Instant Party*, worauf Reaction *Substitute* mit der neuen B-Seite *Waltz For A Pig* pressen ließ, einem Instrumentalstück der Graham Bond Organisation, die sich zu diesem Anlaß The Who Orchestra nannte. Talmy und Brunswick revanchierten sich, indem sie ausgerechnet *A Legal Matter* (dt. etwa: »Ein Fall für die Gerichte«) aus dem Album *My Generation* als Single herausbrachten und als B-Seite *Circles* wählten. In Amerika erschien *Substitute* bei Atlantic unter dem Atco-Label mit *Waltz For A Pig* als B-Seite, kam aber nicht in die Charts.

In England kam *Substitute* auf Platz 5, *A Legal Matter* immerhin auf Platz 32. The Who durften zwar nach Gerichtsentscheid ihre Platten unter dem Reaction-Label auf den Markt bringen, doch hätte während des ganzen Monats März ein Fan *Substitute* mit drei verschiedenen B-Seiten kaufen können. Die Gerichte hatten noch weitere Punkte zu klären, und so vergingen fünf Monate, bis The Who wieder in den britischen Charts auftauchten.

Im März ließ sich Keith Moon heimlich im Standesamt von Willesden trauen. Seine sechzehnjährige, soeben aus der Schule entlassene Braut war das blonde Fotomodell Kim Kerrigan, das Keith auf einer Tanzveranstaltung in ihrer Heimatstadt Bournemouth kennengelernt hatte und das auch von Rod Stewart umworben worden war. Die Presse war nicht eingeladen, denn Kit Lambert, der von Anfang an gegen die Hochzeit gewesen war, hatte strengste Geheimhaltung angeordnet.

»Es war zwar albern, aber Kit Lambert war stinksauer«, erzählte Kitty Moon dem Journalisten Ivan Waterman. »Als er merkte, daß Keith sich nicht von seinem Vorhaben abbringen ließ, mußten wir alle, sogar die Familie, hoch und heilig schwören, nichts weiterzusagen. Er argumentierte, daß Keith für die Mädchen die Hauptattraktion war und seine Heirat deshalb dem Image der Gruppe sehr schaden könnte. Eine Schande war das, denn schließlich war er unser einziger Sohn, und wir freuten uns so auf die Hochzeit! Im nachhinein glaube ich, daß es nicht geschadet hätte, wenn die Sache bekannt geworden wäre. Das hätte Kim eine Menge Probleme erspart. Als es die Fans dann erfahren haben, hat sie sehr gelitten. Sie schickten ihr Grabsteine und beschimpften sie ganz fürchterlich. Ich weiß noch, wie Keith ein Mädchen gejagt und ein rohes Ei nach ihr geworfen hat, weil sie Kim beleidigt hatte.«

Keiths Eheleben begann im Haus seiner Eltern in Wembley, bevor das Paar dann in eine kleine Wohnung über einem Autosalon in Highgate zog. Später mietete Keith eine Wohnung in Chelsea, die, als die Who mehr Erfolg hatten, bald zu einem offenen Haus wurde, in dem Keiths Freunde nach Lust und Laune ein und aus gingen, vor allem spätnachts, wenn die Klubs geschlossen hatten. Kim gefiel das gar nicht.

Anfang 1966 ging die Gruppe zweimal auf Tournee: erst mit The Merseybeats, The Fortunes, The Graham Bond Organisation und Screaming Lord Sutch & The Savages, später mit der Spencer Davis Group, Mike Sarne und The Band Of Angels. Sie traten auch weiterhin regelmäßig in »Ready Steady Go!« auf, wo sie auch einmal gezeigt wurden, wie sie mit den Yardbirds die Straßen von Paris unsicher machten. Zwischen einzelnen Shows in London traten sie so oft wie möglich auch anderswo auf, und im April kamen 2500 Fans, um sie im schicken Tiles Club in der

Oxford Street zu erleben. Die meisten mußten abgewiesen werden.

Eine kurze Irlandtournee im Mai wurde von der Drohung irischer Nationalisten überschattet, im National Stadium von Dublin eine Bombe zu legen, falls The Who ihre Jacketts in den Farben der britischen Flagge tragen sollten. Obwohl sie sich statt dessen in den irischen Nationalfarben kleideten, wurden die Polizeikräfte sicherheitshalber verstärkt. Im gleichen Monat traten sie noch in Deutschland, den Niederlanden, Dänemark und Schweden auf.

Am 30. Mai wurde Pete Townshend in einen Autounfall auf der M1 verwickelt, woraufhin einige europäische Rundfunksender fälschlicherweise meldeten, daß Roger Daltrey ums Leben gekommen sei. Sofortige Dementis von Kit Lambert jedoch konnten die Gerüchte im Keim ersticken.

Ein neuer Stil

Die nächste Who-Single *I'm A Boy/In The City* war eine radikale Abkehr von den Mod-Hymnen, die Pete Townshend vorher geschrieben hatte, und die erste von Kit Lambert produzierte Platte der Who. *I'm A Boy* stellte auch die erste von Petes Charakterstudien dar, die sich mit leicht anstößigen Themen – in diesem Fall Transvestiten – auseinandersetzten. Mit dem umfassenderen kompositorischen Konzept dieses Songs begann Pete, seinen narrativen Stil zu entwickeln, der sich schon bald zu wahrhaft epischen Werken auswachsen sollte, die als Rock-Opern bekannt wurden. Obwohl es damals noch niemand ahnte, wurde *I'm A Boy* zum Schlüssel für Petes Zukunft als Songschreiber.

Auf der B-Seite spielten nur Keith Moon und John Entwistle, da Pete und Roger aufgrund eines Mißverständnisses den Termin der Aufnahme-Session verpaßt hatten. So wurde *In The City* zu einem reichlich lahmen Versuch von Keith, den Surf-Sound seiner Vorbilder, der Beach Boys, zu imitieren.

I'm A Boy, am 26. August von Reaction auf den Markt gebracht, wurde ein Riesenerfolg, kletterte bis auf Platz 2 und blieb dreizehn Wochen in den Charts. In Amerika wurde die Platte wegen der juristischen Probleme bis Dezember zurück-

gehalten, und als sie dann endlich – bei Decca – herauskam, erreichte sie nicht einmal die Charts. Zwei Wochen zuvor hatten Shel Talmy und Brunswick in Großbritannien *The Kids Are Alright* zusammen mit *The Ox* herausgebracht, das bis Platz 41 kam.

Im September schloß sich den Who mitten in einer Tournee der Toningenieur Bob Pridden an, der zu einem ihrer loyalsten und engsten Mitarbeiter werden sollte. Seit der ersten Show, an der er beteiligt war, ist er für die Gruppe unentbehrlich geworden. »Ich wurde zunächst als einer ihrer Tournee-Manager angestellt und hatte als solcher gleich die ganze Mannschaft unter mir, was mich am Anfang ganz schön Nerven gekostet hat«, gestand Bob am zehnten Jahrestag der Who der Zeitschrift RECORD WORLD.

»Ich hatte davor mit der John Barry Seven – einer sehr friedlichen Gruppe – zusammengearbeitet, wußte aber, was die Who für einen Ruf hatten – Instrumente zerstören und so. Am ersten Abend lief zunächst alles bestens. Die Ausrüstung wurde aufgebaut, und alles ging glatt, aber als sie dann auf die Bühne kamen, hatte ich eine Heidenangst. Es war das Tollste, was ich bis dahin erlebt hatte. Etwas machte klick, und dann ging's los: Die Aggressivität, diese Dynamik, die Musik und die ganze Show haben mich total umgehauen. Am Schluß ging alles in die Brüche. Roger sagte nur beiläufig zu mir: ›Bring das Zeug für den nächsten Gig wieder in Ordnung.‹ Ich sah mir das Chaos an und beschloß auf der Stelle, es zu tun. Aus irgendeinem merkwürdigen Grund machte mir die Sache Spaß. Vielleicht, weil's eine echte Herausforderung war.«

A Quick One

In der letzten Septemberwoche flogen die Who zum ersten Mal gemeinsam nach Amerika, um im Rahmen der Werbekampagne für *I'm A Boy* Fernsehauftritte aufzuzeichnen. Das alles war jedoch zum Scheitern verurteilt, weil die Platte nicht in die Charts kam und die Band bei ihren Live-Auftritten das amerikanische Publikum nicht wirklich mitreißen konnte. Im Oktober zogen sie dann ein weiteres Mal durch Skandinavien und erschienen in einem »Ready Steady Go!«-Special, das zur Hälfte nur aus ihrem Live-Programm zusammengestellt war. Im Monat darauf brachte Reaction ihre erste EP *Ready Steady Who* als Geste der Dankbarkeit für die Fernsehshow heraus, die der Band so sehr geholfen hatte.

Ready Steady Who enthielt fünf Songs, nämlich *Batman Theme*, *Bucket T*, *Barbara Ann*, *Disguises* und *Circles*, und obwohl das Cover auf eine Live-Aufnahme hinzudeuten scheint, wurde die Platte in Wirklichkeit im Studio aufgenommen. Brunswick und Talmy konterten mit der Veröffentlichung von *La La La Lies* in Verbindung mit *The Good's Gone* als Single, doch die Platte verfehlte die Charts. Dann wurde endlich der Rechtsstreit über den Vertragsbruch zwischen Talmy und den Who beigelegt, und Talmy hörte auf, jede neue Platte der Who damit zu beantworten, daß er eine ihrer alten Aufnahmen herausbrachte.

Im Dezember veröffentlichten die Who dann jeweils unter dem Reaction-Label eine neue Single und ihr zweites Album. Die Single *Happy Jack* war eine weitere von Pete Townshends Charakterstudien und handelte von einem einfältigen Menschen, der am Strand lebte und den ganzen Tag nur mit Kindern spielte und lachte. Musikalisch war der Song – ebenso wie drei Stücke auf der EP *Ready Steady Who* – von den Beach Boys inspiriert, doch der kompositorische Standard war mit *My Generation* und *Substitute* nicht zu vergleichen. Dennoch erreichte er Platz drei in den Charts, und als er im Jahr darauf in Amerika herauskam, wurde er dort zu ihrem bis dahin größten Hit und kam in den Hot 100 immerhin auf Rang 24.

Auch das Album litt unter schwachen Songs, was wohl auf ein finanzielles Angebot zurückzuführen sein dürfte, das der Verleger der Gruppe den Who machte, um sie von ihren Schulden zu befreien.

»Wir waren etwas knapp bei Kasse«, erinnert sich John Entwistle. »Unser Manager machte diesen Deal mit Essex Music, demgemäß jeder von uns zwei Stücke schreiben und dafür 500 Pfund Vorschuß kriegen sollte.«

Pete und John schafften problemlos ihr Pensum, und sogar Keith schrieb einen Song und ein reichlich seltsames Instrumentalstück. Roger allerdings konnte nur einen Song beitragen, doch Pete hatte genug Material, um ihm auszuhelfen. *A Quick One*, der Titelsong, bestand eigentlich aus sechs kurzen Stücken, die zusammengefügt Petes erste längere Komposition ausmachten. Pete reagierte zunächst entsetzt auf die Idee, diese unfertigen Musikstücke zusammenzubasteln, und mußte erst von Kit Lambert dazu überredet werden. Das Ganze wirkte noch reichlich roh: Der Gesang lag ziemlich daneben, und die einzelnen Melodien knallten unharmonisch aufeinander, doch insgesamt war es ein wichtiger und zukunftsweisender Schritt für die Gruppe. Die Saga von Ivor The Engine Driver wurde in den kommenden zwölf Monaten zu einem wichtigen Bestandteil der Live-Auftritte der Gruppe.

Einer von Johns Songs, *Boris The Spider*, war seine bis dahin beste Komposition. Sie spiegelte seine kindliche Vorliebe für das Makabre wider.

Keiths Instrumentalstück *Cobwebs And Strange* kommt von allem, was er je aufgenommen hat, einem Schlagzeugsolo am nächsten.

Der Absturz

Gegen Ende 1966 war in die Haltung der Popfans wie der Popmusiker Bewegung geraten. Die Veränderungen liefen langsam ab, doch für die weitere Existenz der Who waren sie von entscheidender Bedeutung.

Popmusik zielte nicht mehr ausschließlich auf junge Fans ab, die kreischend ihre Idole bejubelten, und wurde auch von ihren Schöpfern allmählich ernster genommen und nicht mehr nur als Möglichkeit gesehen, schnell in die Charts zu kommen. Das unterschiedliche musikalische Bewußtsein und Talent der Musiker trieb in die Popmusik einen Spalt, der dieses Medium für immer veränderte.

Die Beatles hatten mit ihren Alben *Rubber Soul* (1965) und *Revolver* (1966) diese Entwicklung eingeleitet, und ebenfalls 1966 erschienen Bob Dylans *Blonde On Blonde* und *Aftermath* von den Rolling Stones. Diese innovativen Alben zeugten nicht nur vom Talent der Musiker, sondern leiteten einen Trend von der Single hin zur LP ein und wiesen auf die Bereitschaft der Popfans hin, die Musik über alles andere zu stellen. 1967 wurde dann aus dem Pop allmählich Rock, und obwohl die Popmusik nicht völlig verschwand, machten sich die wirklich talentierten Musiker nun ernsthaft daran, Meisterwerke zu schaffen.

Die meisten der untalentierten Gruppen, die auf der Welle der Beatles-Begeisterung mitgeschwommen waren, mußten angesichts des neuen Qualitätsstandards, der sich 1967 entwickelte, das Handtuch werfen. Für die Who, die vor allem von ihren Live-Auftritten lebten, hätte dieses neue Rock-Klima eigentlich ideal sein müssen. Sie hatten niemals nur Musik für Teenies gemacht, und nachdem der Markt für solch seichten Schrott nun immer mehr schrumpfte, hätten die Rockfans neuen Stils die Who eigentlich mit offenen Armen aufnehmen müssen. Doch leider war dem nicht so. In Insiderkreisen waren die Who 1967 allseits respektiert, doch darüber hinaus wurden sie, von ihren treuesten Fans abgesehen, von den meisten ignoriert. Zur Zeit von *My Generation* hatten sie pro Auftritt 300 Pfund verdient, doch nun rutschten sie wieder bis auf 60 Pfund ab.

Für das Nachlassen ihrer Popularität gibt es zwar mehrere Gründe, aber letztlich keine logische Erklärung. 1967 konzentrierten sich die Who hauptsächlich auf Amerikatourneen, was ihnen zwar einerseits nützte, aber andererseits ihre britischen Fans in die Arme der Konkurrenz trieb. Die Mode hatte sich seit den frühen Tagen der Who fast über Nacht geändert, und die Mods, die es noch gab, hatten mit den Small Faces eine neue Gruppe gefunden, deren jugendlich-unbekümmertes Auftreten ihnen mehr lag. Eric Clapton, Ginger Baker und Jack Bruce hatten sich zu Cream zusammengeschlossen, der ersten einflußreichen und progressiven Super-Gruppe, und ein farbiger amerikanischer Gitarrist namens Jimi Hendrix schickte sich an, mit erstaunlicher instrumenteller Virtuosität Pete Townshend die Schau zu stehlen.

Zudem paßte das Image der Who in keine der gängigen Schubladen. Sie ließen sich nicht der Popmusik zuordnen, denn dafür standen ihre Platten und Live-Auftritte auf einem viel zu hohen Niveau, doch ebensowenig gehörten sie zum Underground, obwohl Pete Townshend immer stärker von LSD und Cannabis-Derivaten fasziniert war.

Damals experimentierten die Who alle mehr oder weniger begeistert mit Drogen, wobei Roger in dieser Hinsicht noch am wenigsten anfällig war.

Pete hing nun immer häufiger im UFO Club in der Tottenham Court Road herum, wo unter dem psychedelischen Blick von Arthur Brown die ganze Nacht Live-Musik lief und die revolutionäre neue Linke über verlegerische Wagnisse wie Oz und die INTERNATIONAL TIMES diskutierte. Keith und John, beide unpolitisch, erhöhten indes ihr Schuldenkonto in den hochklassigeren Nachtlokalen wie Blazes, The Bag O'Nails, The Speakeasy und The Revolution, wo sie mit der Pop-Elite in Kontakt kamen.

Keith neigte immer stärker dazu, die wildere Seite seiner Persönlichkeit zu betonen, und säte dabei die Saat des Wahnsinns, der später sein gesamtes Leben in Besitz nehmen sollte.

Roger, weniger gesellig als die anderen drei, verließ seine Frau, die innerhalb eines Jahres Scheidungsklage einreichte. Der wankelmütige Sänger und unverbesserliche Schürzenjäger entdeckte nun sein latentes Potential als Sex-Symbol. Er ließ sein Haar wachsen; und um nicht als Macho zu gelten, legte er sich für seine schulterlange blonde Mähne Dauerwellen zu. Noch eindrucksvoller war der Effekt, wenn er seine mit Narben übersäte Brust freimachte und sich ein Medaillon um den Hals hängte.

Amerika wird aufmerksam

Von ihren Kollegen respektiert, aber ohne Geld auf dem Konto machten die Who weiter. Das Jahr 1967 begann für sie mit einem Gig im Savile Theatre zusammen mit Jimi Hendrix unter der organisatorischen Leitung von Brian Epstein. Der Manager der Beatles erkannte schnell das Potential der Who im veränderten Rock-Klima und organisierte im Februar eine Tournee der Gruppe durch Ballsäle und Theater.

Die Operation Amerika begann am 22. März, als die Who nach diversen Verzögerungen endlich nach New York flogen, um zum ersten Mal auf amerikanischem Boden live zu spielen.

Das amerikanische Publikum hatte mit den Who bis dahin wenig anfangen können. Trotz der Bemühungen von Chris Stamp hatte American Decca kaum etwas getan, um die Gruppe zu unterstützen, doch im Grunde kam diese Haltung nicht überraschend: Für amerikanische Augen und Ohren waren die Who nur ein verschrobener Haufen reichlich verrückter Engländer, die man bestenfalls als interessant bezeichnen konnte. Schließlich gab es in Amerika keine Mods, und Decca soll wegen der letzten dreißig Sekunden von *My Generation* sogar gezögert haben, die Platte überhaupt herauszubringen, weil man das Gemetzel an den Instrumenten als Fehler in der Plattenmatrize interpretierte. Trotzdem garantierten die Geschichten von ihren Erfolgen in Großbritannien – und besonders natürlich von der Zerstörung ihrer Ausrüstung – ein aufmerksames Publikum, als sie neben so bekannten Musikern wie Cream, Wilson Pickett, Smokey Robinson, The Blues Project und Mitch Ryder bei der Murray The K's Easter Show im Fox Theatre von Brooklyn ihr Debüt feierten. Das Publikum war nicht enttäuscht.

Al Kooper von The Blues Project beschreibt in seinem Buch BACKSTAGE PASSES ihr US-Debüt. »Sie traten als letzte auf, und das war gut so«, schrieb er. »Am ersten Tag standen alle ihre Kollegen in den Seitenflügeln, um zu sehen, was an den Gerüchten dran war.

Als sie mit *My Generation* loslegten, fühlte man förmlich die Spannung. Keith Moon schlug auf diese helltönigen Plastiktrommeln ein, daß es schien, als hätte er zwanzig davon. Wir Amerikaner sahen damals zum ersten Mal ein typisch englisches Schlagzeug. Er hatte zwei riesige Baßtrommeln, von denen auf einer THE und auf der anderen WHO stand. Moon drosch fünfzehn Minuten lang ununterbrochen wie ein Irrer auf sie ein.

Pete Townshend machte Luftsprünge, wirbelte wild mit den Armen herum und erwies sich überhaupt als der hemmungsloseste Gitarrist, der jemals dort aufgetreten war. Roger Daltrey kriegte im Verlauf der Show achtzehn Mikrophone klein. Und John Entwistle lehnte sich einfach nur gegen seinen Verstärker und schaute zu. Dann wechselten sie während des Instrumentals die Tonart, und Townshend schleuderte seine Gitarre in die Luft, fing sie wieder auf und knallte sie gegen einen nicht angeschlossenen Verstärker. Doch seine Stratocaster war noch ganz, und so schlug er sie gegen den Mikrophonständer und dann auf den Fußboden. Die Gitarre war in drei oder vier Teile zersprungen, und immer noch konnte er ihr Töne entlocken. Plötzlich wirft Moon sein ganzes Schlagzeug um, und in einer Wolke künstlichen Nebels fällt der Vorhang.«

Al Kooper war nicht der einzige, der sich nach der Show der Who den Schweiß von der Stirn wischte. »Binky« Phillips, der später als »größter amerikanischer Who-Fan« bekannt wurde, erzählte in der Zeitschrift RECORD WORLD: »Ich war total fertig. So was Lautes und Brutales hatte ich noch nie gesehen. Sie waren wirklich das Allerhöchste. Townshend war ganz in Weiß gekleidet, und die Hose ging ihm bis zur Brust, und Daltreys Haar war wie aufgeblasen – einfach umwerfend. Townshend konnte seine Stratocaster sechs Meter hoch in die Luft werfen und wieder auffangen, aber wenn er müde war, ließ er sie einfach auf den Boden knallen. Am ersten Abend ließen sie auf die Rückwand der Bühne einen unglaublichen Film projizieren: Sie sitzen in einem Hotel und rauchen Joints, als es plötzlich an die Tür klopft und die Bullen reinkommen. Die Who aber sind mit Pudding bewaffnet, den sie den Bullen ins Gesicht schleudern.«

Im Fox Theatre gaben die Who fünf Tage hintereinander vier Shows pro Tag. Dabei verbrauchten sie insgesamt zweiundzwanzig Mikrophone, fünf Gitarren, vier Lautsprechertürme und ein sechzehnteiliges Schlagzeug. Doch ihre Zerstörung war nicht auf die Bühne des Fox Theatres beschränkt. Während der unermüdliche Bob Pridden zwischen den Shows ihre malträtierte Ausrüstung wieder zusammenflickte, machten sie sich im piekfeinen Drake Hotel in der 55sten Straße unbeliebt. Als sie merkten, daß sie mit ihrer Tagesgage von 900 Dollar nicht einmal die Ausgaben von Keith Moon in der Bar begleichen konnten, zogen sie in das bescheidenere Gorham Hotel in Vierbettzimmer um. Hier ließ Keith die erste seiner amerikanischen Hotelbomben hochgehen, angeblich weil er sich von John Entwistles Trompetenübungen in einem Nachbarzimmer gestört fühlte.

Am 3. April flogen sie zu weiteren Konzerten von New York nach Deutschland, bevor sie dann – erneut mit Jimi Hendrix – in London an sechs aufeinanderfolgenden Tagen im Savile Theatre auftraten.

In den Augen der Amerikaner waren The Who anfangs nur ein Haufen reichlich verrückter Engländer.

Track und Monterey

Die neunte Single der Who, *Pictures Of Lily/Doctor Doctor*, kam am 22. April heraus. Ein weiteres Mal schrieb Townshend über Tabuthemen – diesmal war es Onanie –, aber dennoch erreichte die Single Platz 4 in den britischen Charts, was nicht zuletzt auf die gleichzeitige Tournee zurückzuführen war. In Amerika weigerten sich viele Rundfunkstationen, die Platte zu spielen, und so kam sie nur bis Platz 51 der Charts.

Pictures Of Lily war die erste Who-Single, die bei Track Records herauskam, einem neuen, von Lambert und Stamp unter der Lizenz von Polydor Records gegründeten Label. Das Management-Team hatte den Beschluß gefaßt, seine geschäftlichen Aktivitäten auf eine breitere Basis zu stellen, um ihre Einkommenssituation zu verbessern. Im Hinblick auf die Profite anderer Labels gründeten sie deshalb Track und nahmen sofort die Who unter Vertrag. In den Monaten darauf unterschrieben bei ihnen auch noch Jimi Hendrix, The Crazy World Of Arthur Brown, Marsha Hunt, John's Children (mit dem elfenhaften Marc Bolan an der Gitarre) und der amerikanische Komödiant Murray Roman, von dem Keith Moon so begeistert war. Sie richteten ihr Büro in der Old Compton Street gegenüber einem Restaurant ein, das mit Hilfe von Who-Postern an den Wänden Kundschaft anzulocken versuchte.

Als Leiter einer Plattenfirma betätigten sich Lambert und Stamp ein weiteres Mal als Visionäre: Ihnen fehlte jegliche praktische Erfahrung auf diesem Gebiet. Um den Vertrieb ihrer Platten selbst zu organisieren, investierten sie in mehrere LKWs, die ihnen jedoch samt und sonders innerhalb einer Woche geklaut wurden. Ihr künstlerischer Instinkt war jedoch unbestreitbar. Obwohl sie Mitarbeiter einstellten, verschlang Track Records einen immer größeren Teil ihrer Zeit, weshalb sie die tägliche Routine im Management der Who einem neuen Produktionsmanager, John Wolff, überließen, der sich von seinem Job als John Entwistles Chauffeur zu dem des Beleuchters der Gruppe hochgearbeitet hatte. John Wolff, den alle Wiggy nannten, hatte eine Vollglatze, war aggressiv und sah auf den ersten Blick ziemlich einschüchternd aus – ideale Eigenschaften also für einen Tourneemanager der Who.

Der Mai begann mit einer weiteren Europatournee, der ein Dutzend Auftritte in Großbritannien folgten, und im Juni starteten die Who dann ihre zweite Amerikatournee. Nach Shows in Chicago und Detroit nahmen sie auch am Monterey Pop Festival bei San Francisco teil, einem wichtigen Rock-Ereignis, das ihnen die Chance gab, ihr Können vor einer großen Zahl ihnen wohlgesinnter Rockfans zu beweisen.

Nach ihren eigenen Maßstäben war ihr Auftritt in Monterey keiner ihrer besten – sie mußten mit einer ungewohnten Verstärkeranlage spielen, die sie nicht mochten –, doch gegen die fröhlichen Liedchen der kalifornischen Musiker wirkten die Who mit ihrem donnernden Rock und ihrem verwegenen Auftreten wie ein reinigendes Gewitter. Auf der Bühne wurden sie nur von Jimi Hendrix übertroffen, der dafür allerdings seine Gitarre verbrennen mußte. Wie so oft endete auch diesmal das Set der Who in einer Orgie der Zerstörung, als sie die ungewohnte Anlage vor Tausenden erstaunter Hippies zu Kleinholz machten. Wie zwei Jahre zuvor in England begann nun auch hier die Mundpropaganda zu wirken.

Auf dem Heimflug von Monterey hatte Pete Townshend infolge einer Dosis des starken Halluzinogens STP einen derartigen Horrortrip, daß er sich schwor, nie mehr bewußtseinserweiternde Drogen zu nehmen. »Das war wie hundert Jahre in einem Flugzeug über dem Atlantik«, gestand er. »Früher dachte ich immer, ich bräuchte Drogen, um Songs schreiben zu können, aber in Wirklichkeit habe ich in der Zeit, als ich das Zeug nahm, kaum etwas geschrieben. Nach dieser Erfahrung mit STP zog ich die Konsequenzen und nahm keine psychedelischen Drogen mehr. Eine Zeitlang habe ich noch gekifft, bis ich schließlich das Gefühl hatte, auch das nicht mehr zu brauchen.

Auf diesem Heimflug hatte ich den Eindruck, dieses grauenhafte Gefühl würde nie verschwinden, weil ich mich von meinem Körper zu lösen schien. Zum ersten Mal merkte ich, wie zerbrechlich ich innerlich war. Und ich hatte mich immer für einen starken Mann gehalten. Da habe ich angefangen, über andere nachzudenken, und heute bin ich soweit, daß ich für die Anti-Drogen-Kampagne mehr Energie investieren würde als für jede andere Art von Kreuzzug.«

Mit prosaischeren Gedanken entstieg John Entwistle dem Flugzeug: Er trug sich mit Heiratsplänen. Am 23. Juni ehelichte er Alison Wise, eine Sekretärin, die er schon seit seiner Schulzeit in Acton kannte. »Ich hatte schon immer den Verdacht, daß wir eines Tages heiraten würden«, gestand er dem DAILY EXPRESS. »Bei unserem ersten Rendezvous spielte ich schon in einer Amateurband, und Alison schleppte meinen Verstärker.« Das glückliche Paar verbrachte seine Flitterwochen an Bord der Queen Elizabeth.

Das Fehlen von John hielt die Who nicht davon ab, am 30. Juni ins Studio zu gehen, um als Geste der Unterstützung für die inhaftierten Mick Jagger und Keith Richard zwei Stücke der Rolling Stones aufzunehmen. Am Vortag hatten die beiden Stones wegen Verstoßes gegen das Drogengesetz umstrittene Haftstrafen erhalten. Daß die Who gleich danach *The Last Time* und *Under My Thumb* aufnahmen, bewies die wachsende Solidarität innerhalb von Londons Rockgemeinde.

Pete übernahm mit Entwistles Erlaubnis in beiden Songs dessen Rolle als Baßgitarrist. Die Platte mit den beiden unverhüllten Cover-Versionen wurde von Track sofort veröffentlicht und kam in den Charts auf Rang 44. Danach kündigten die Who an, auch weiterhin Kompositionen von Jagger und Richard aufzunehmen, solange diese im Gefängnis seien, »um ihr Werk nicht in Vergessenheit geraten zu lassen«. Leider gewannen die Stones ihre Revisionsverhandlung, bevor die Who Gelegenheit hatten, sich an *Satisfaction* oder *It's All Over Now* zu versuchen.

Finanzkrise Nr. 2

Im Juli und August führten die Who ihre bis dahin längste Amerikatournee durch. Die Hauptgruppe dieser Tournee waren die Herman's Hermits, eine seichte Pop-Gruppe, die von Peter »Herman« Noone geleitet wurde, der hauptsächlich durch seine Zahnlücken auffiel und mit seinem ständig lächelnden Gesicht und seiner banalen Musik ein ganz anderes Publikum ansprach als das, das die Who suchten.

Die Tournee war in jeder Hinsicht problematisch. Aus Geldmangel mußten sie auf die billigsten Transportmöglichkeiten zurückgreifen und sich unterwegs die Hotelzimmer teilen. Keith und John schliefen immer in einem Zimmer, während Pete und Roger sich entweder zusammentaten oder bei den Roadies übernachteten. Die dreißig Konzerte mit Herman brachten den Who Bruttoeinnahmen von 40000 Dollar, aber keinen Gewinn. Die Zerstörung von Geräten und Instrumenten, die Exzesse zwischen den Auftritten und die normalen Tourneekosten fraßen den größten Teil der Einnahmen auf, und der Rest ging bei der aufwendigen Feier von Keiths einundzwanzigstem Geburtstag drauf. Diese berüchtigte Party lieferte Keith noch jahrelang Gesprächsstoff.

»Wir saßen alle mit den Herman's Hermits um den Swimmingpool vom Hotel«, erzählte Keith dem Interviewer Jerry Hopkins vom ROLLING STONE und unzähligen anderen Journalisten noch Jahre danach. »Ich war gerade einundzwanzig geworden, und alle hatten sie Geschenke für mich. Einer schenkte mir eine tragbare Bar, ein anderer tragbaren Schnaps. Ich trank schon ab zehn Uhr vormittags und kann mich an die Show nicht mehr erinnern. Die Plattenfirmen hatten im Hotel einen großen Konferenzsaal für die Party gemietet. Die Feier wurde immer lauter und wir immer besoffener, bis wir total ausgeflippt und voll angezogen in den Swimmingpool gesprungen sind.

Die Premier Drum Company hatte mir eine riesige Geburtstagstorte in der Form von fünf übereinandergestapelten Trommeln geschenkt. Die Party wurde immer wilder, und irgendwann nahm ich die Torte und schleuderte sie in die Menge. Die Leute hoben die Stücke auf und warfen sie durch die Gegend. Alle waren voller Marzipan und Puderzucker, als plötzlich der Hotelmanager reinkam und sah, wie die Leute ohne Hosen herumtanzten und die Torte auf seinem großen Teppich schon so richtig schön festgetrampelt hatten. Als der Sheriff kam, stand ich in Unterhosen da. Ich rannte raus und sprang ins erstbeste Auto. Es war ein nagelneuer Lincoln Continental. Er war leicht abschüssig geparkt, und als ich die Handbremse löste, rollte er den Hügel runter und voll auf den Swimmingpool vom Hotel zu... Ich saß noch drin, als er reingeplumpst ist.«

John Entwistle hegte gewisse Zweifel an dieser Geschichte. Fest steht, daß Keith damals einen Schneidezahn verlor, ein paar Stunden im Gefängnis verbrachte und dann in einem spontan gecharterten Flugzeug nach Atlantic City gebracht wurde, um den Rest der Band einzuholen. »Sie schickten mir eine Rechnung über 24000 Dollar«, fügte Keith hinzu. »Ich verdiente auf der ganzen Tournee nicht die Hälfte davon und hatte bis dahin schon alles ausgegeben. Ich steckte schon vor dieser Party bis zum Hals in Schulden. Zum Glück haben die Herman's Hermits und die anderen Jungs zusammengelegt. Ungefähr dreißig Leute haben je tausend Dollar hingelegt.«

Am Ende der Tournee mußte sich John Entwistle hundert Dollar borgen, um seinen Rückflug bezahlen zu können. Im Lauf der Jahre hat man immer wieder versucht, Schätzungen über die Schulden der Who anzustellen, und obwohl es nie genaue Zahlen darüber geben wird, kann man wohl davon ausgehen, daß allein in den Jahren 1967 und 1968 die Gruppe etwa 100000 Pfund schuldig geblieben ist. Roger Daltrey erklärte im OBSERVER: »Nach unserem ersten Hit *I Can't Explain* verdienten wir ganz gut, um die 300 Pfund pro Abend. Trotzdem hatten wir nach dem ersten Jahr 60000 Pfund Schulden. Das nächste Jahr schufteten wir dann wie die Irren und konnten 40000 Pfund davon abzahlen. Aber der größte Hammer kam ein Jahr später, als wir merkten, daß wir schon wieder auf 60000 waren. Jede Buchprüfung war wie ein schlechter Witz. Wir lachten uns immer halbtot darüber.«

Sell Out

Am 16. September kehrten die Who nach England zurück, und wenige Wochen später brachte Track ihre neue Single *I Can See For Miles* auf den Markt. Die Townshend-Komposition war schon ein Jahr alt, aber für schlechte Zeiten zurückgehalten worden. Obwohl es ihre beste Platte seit *My Generation* war, wurden die Hoffnungen der Gruppe enttäuscht, denn *I Can See For Miles* kam in den britischen Charts nur auf Platz 10. Nur der Erfolg des Songs in Amerika, wo er mit Rang 9 die bis dahin höchste Plazierung der Band in den US-Charts erreichte, konnte die allgemeine Enttäuschung etwas abmildern.

Im Oktober verbrachten die Jungs drei Wochen im Studio, bevor sie zu einer kurzen Großbritannien-Tournee mit den Tremeloes, Traffic und The Herd aufbrachen. Im November ging es dann wieder nach Amerika, doch diesmal spielten sie mit den Animals in größeren Stadien und vor allem vor einem wohlwollenderen Publikum. Sie traten sogar in der Hollywood Bowl in Los Angeles auf, aber trotzdem war die Tournee finanziell eine Katastrophe. 5000 Dollar wurden aus einem Hotelzimmer gestohlen, und das größte Konzert der Tournee in New York mußte abgesagt werden, nachdem das Attentat auf Martin Luther King bekannt geworden war. Nach zehn Wochen in den USA kam jedes Mitglied der Who mit 300 Pfund in der Tasche zurück. Das deprimierte die Band so sehr, daß Keith und John ernsthaft darüber nachdachten, ob sie nicht besser aufgeben und eine neue Gruppe gründen sollten. Sie hatten sogar schon einen Namen, aber am Ende entschieden sie sich dann doch zu bleiben. Der Name war übrigens Led Zeppelin.

Während ihrer vierten US-Tournee warf Track *The Who Sell Out*, ihr drittes Album, auf den Markt. Nach der außergewöhnlichen Beatles-LP *Sergeant Pepper's Lonely Hearts Club Band* war 1967 zum Jahr des Konzeptalbums geworden, und mit *Sell Out* versuchten sich nun auch die Who auf diesem Gebiet. Die Platte war auch in anderer Hinsicht für die Who innovativ: Aus Petes melodischem Talent, das inzwischen von romantischer klassischer Musik beeinflußt wurde, entwickelte sich allmählich der neue, traumähnliche und an Musicals erinnernde Stil der Gruppe. Zwischendurch zeigten sie zwar immer wieder einmal, daß sie den Rock noch nicht verlernt hatten, aber die schwebenden Melodien und die klangliche Harmonie in Songs wie *Our Love Was*, *Tattoo* und *Sunrise* verlieh der Musik der Who eine ätherische, fließende Qualität. *Rael*, der letzte Song des Albums, war eine weitere Mini-Oper, aber diesmal prallten die musikalischen Themen nicht mehr so amateurhaft aufeinander wie in *A Quick One*. *Rael* floß sanft dahin, und die eindringlicheren Passagen harmonierten perfekt mit den ruhigeren.

Die Songs auf Seite eins waren mit Ausschnitten aus Programmen von Piratensendern gekoppelt. Das war ganz amüsant, aber andererseits wirkten diese komischen Einschübe (etwa Werbespots für Dosengemüse oder Deodorants) wie eine Abwertung der Musik auf *Sell Out*, die ansonsten auf hohem Niveau stand. Jedenfalls zollten die Who damit den Piratensendern ihren Respekt, die der Band immer treu geblieben waren und denen nun gegen Ende 1967 durch neue Gesetze der Garaus gemacht werden sollte.

Reinfall in Australien

Einen großen Teil des Jahres 1968 verbrachten die Who in den USA. Zunächst jedoch statteten sie zum ersten und einzigen Mal ihren Antipoden einen Besuch ab, und zwar gemeinsam mit den Small Faces, Manfred Mann und John Walker von den Walker Brothers. Doch Australien und die Who vertrugen sich nicht besonders, vor allem wegen eines Trinkgelages auf einem Inlandflug, in dessen Folge eine Stewardeß schwere Vorwürfe sowohl gegen die Who wie gegen die Small Faces erhob. Die ganze australische Nation war aufgebracht. Auch in Neuseeland erging es den Who nicht besser. Die NEW ZEALAND TRUTH berichtete: »Sie knöpften etwa 8000 Teenagern zwischen 2,60 und 3,60 Dollar ab, doch die Kids bekamen für ihr Geld nur eine ohrenbetäubende Kakophonie elektronischer Klänge geboten, die mit Musik nichts zu tun hatte. Es war nicht einmal lustig. Jeder Dollar, den wir auf solche Gruppen verschwenden, verringert unsere Chancen, Künstler zu hören, die für ihr Geld auch etwas zu bieten haben und dem Publikum etwas geben können. Aber diese Typen wollen wir nicht mehr hier sehen. Das sind doch nur ungewaschene, stinkende Säufer, die keine Zukunft mehr haben.«

The Who schworen, nie wieder in Neuseeland zu spielen, und bis heute haben sie Wort gehalten.

Während ihrer Australientournee bekam die britische Presse Wind von Roger Daltreys Scheidungsgeschichte. Erst jetzt erfuhr die Öffentlichkeit, daß er seit vier Jahren verheiratet war und einen dreijährigen Sohn hatte. Noch im selben Jahr lernte er seine zweite Frau, Heather, kennen, ein ehemaliges amerikanisches Fotomodell, mit dem er in ein 400 Jahre altes Landhaus in Windsor in Berkshire zog. »Ich mußte mein Auto verkaufen, um die Kaution für das Haus bezahlen zu können«, erklärte er den Journalisten, doch die körperliche Arbeit, die er in die Renovierung des Hauses stecken mußte, war für Roger in den Pausen zwischen den Tourneen eine angenehme Abwechslung.

Auch Townshend konsolidierte 1968 sein Privatleben. Am 21. Mai heiratete er im Standesamt von Didcot Karen Astley, die er in der Kunstakademie von Ealing kennengelernt hatte. Im Monat darauf gelang es ihm, einen Kredit über 16500 Pfund für ein Haus in der Nähe von Twickenham zu erhalten. Weitere 8000 Pfund kostete ihn der Umbau eines der Zimmer dieses Hauses in ein Aufnahmestudio. Entwistle hatte inzwischen für sich und Alison eine Doppelhaushälfte in Ealing gekauft, während Keith und Kim immer noch in Chelsea lebten.

Im Februar brachte Track kurz nach der Abreise der Who zu einer zweimonatigen Amerikatournee ihre neue Single *Dogs* heraus, einen der seltsamsten Songs, die die Gruppe je gemacht hat. Das lebhafte Liedchen war der Schwäche des britischen Arbeiters für Windhundrennen und Bier gewidmet. Es konnte niemanden überraschen, daß der Song ein Flop wurde und in den Charts über Rang 25 nicht hinauskam – das schlechteste Ergebnis aller Who-Singles. Auch die B-Seite *Call Me Lightning* war keine Offenbarung, obwohl das Stück ein weiteres von John Entwistles schwirrenden Baßgitarrensoli enthielt und in den USA sogar als A-Seite genommen wurde.

Meher Baba inspiriert zu Tommy

Townshend war mit den Gedanken anderswo. In der zweiten Hälfte des Jahres 1967 hatte Pete über seinen Freund Mike McInnerney Lehre und Werk von Meher Baba, einem indischen Guru, kennengelernt. Im Gegensatz zu Maharishi Mahesh Yogi, zu dem sich im selben Jahr die Beatles hingezogen fühlten, wirkte Meher Baba eher zurückhaltend; in seinen letzten vierundvierzig Lebensjahren hatte Baba kein einziges Wort mehr gesprochen.

Baba wurde am 24. Februar 1894 in Poona geboren. Mit neunzehn Jahren küßte ihn ein Sufi-Heiliger auf die Stirn, und dieser Augenblick war für ihn gewissermaßen die Initiation in seine spätere Karriere als geistiger Meister. Nachdem er vier Jahre lang mit einer Gruppe von Jüngern durch ganz Indien gereist war und seine Lehren verbreitet hatte, legte Baba ein Schweigegelübde ab, das ursprünglich nur für ein Jahr gedacht war, das er dann aber bis an sein Lebensende im Jahre 1969 durchhielt. Babas Philosophie war reichlich verschwommen, aber dadurch um so allgemeingültiger, und er stellte an seine Jünger keine allzu hohen Ansprüche. »Don't Worry. Be Happy«, schrieb er auf eine Schiefertafel, und Pete Townshend, der ewig Suchende, verliebte sich 1968 Hals über Kopf in Meher Baba. Dieses Ereignis veränderte sein ganzes Leben. Auch sein musikalischer und kompositorischer Ansatz änderte sich – und damit die Musik der Who. Von diesem Augenblick an bestand Popmusik nicht mehr nur aus dreiminütigen Singles. Weitschweifige Werke in geradezu epischer Breite entstanden, mit denen sich Pete Townshend den Respekt seiner Kollegen erwarb. Über Meher Baba hatten er und die Who eine neue Richtung gefunden.

Gleichzeitig mit seiner Entscheidung, ein Anhänger Babas zu werden, hatte Pete ernsthaft mit der Arbeit an einer kompletten Oper begonnen, die von den Who auf Platte aufgenommen und live gespielt werden sollte. ›Rael‹ war ursprünglich ein solches Projekt gewesen, doch schließlich wurde das Stück zu einer potentiellen Single zusammengekürzt, bevor es dann in *The Who Sell Out* aufgenommen wurde. Mehr als jeder andere ermutigte Kit Lambert Pete bei dessen Versuch, ein größeres Werk zu schaffen, und so entstand gegen Ende 1967 *Tommy*.

Geboren wurde *Tommy* in der Wohnung in der Ebury Street in Belgravia, wo Pete ein Aufnahmestudio eingerichtet hatte, in dem er alles, was er schrieb, sofort auf Band aufnehmen konnte. Im März 1968 war Pete soweit, daß er jede freie Minute an *Tommy* schrieb, in amerikanischen Hotelzimmern, Flugzeugen, Garderoben und Studios, zu Hause ebenso wie auf Tournee. Während des Schreibens stand er unter dem Einfluß der Lehren Meher Babas, und so wurde *Tommy* für Pete nicht nur ein kommerzielles, sondern auch ein geistiges Unterfangen. Kit Lambert erkannte die enormen Möglichkeiten, die in Petes Werk steckten, und arbeitete an der Geschichte mit, während sich die anderen eher abwartend verhielten und sich gelegentlich fragten, ob Pete nun ein Genie oder ein Scharlatan war.

»Wir sagten, wir wollten eine Oper machen, wir wollten Live-Alben machen und noch vieles andere mehr, und dann haben wir all diese Ideen, all diese Energie und all die Pläne für unsere zukünftigen Alben zusammengeschmissen und ein einziges, kompaktes Werk daraus gemacht«, erklärte Pete in jenem Sommer der Zeitschrift ROLLING STONE.

»Wenn's nach mir geht, wird die Sache ›Deaf, Dumb & Blind Boy‹ heißen. Es ist die Geschichte eines Jungen, der blind und taubstumm zur Welt kommt. Dieser Junge wird von den Who als musikalischer Einheit dargestellt. Musikalisch wird er durch ein Thema repräsentiert, das außerhalb der eigentlichen Oper beginnt, und dann ist da ein Song, der den taubstummen und blinden Jungen beschreibt. Aber im Grunde geht das Ganze darum, daß der Junge, eben weil er blind und taubstumm ist, alles nur über Vibrationen wahrnehmen kann, und diese Vibrationen übersetzen wir in Musik.

Unsere Absicht ist es, beim Zuhörer das Gefühl zu erzeugen, durch die Musik den Jungen wahrnehmen zu können und ihn zu verstehen, weil wir ihn erschaffen, während wir spielen.«

Im Juni, Juli und August zogen die Who ein weiteres Mal durch Amerika. Nun nahmen sie die Dienste von Premier Talent in Anspruch, der New Yorker Agentur, die von Frank Barsalona geleitet wurde, dessen Pioniergeist später auch für die Erfindung der Stadiontourneen verantwortlich war, die auch den Who zugute kommen sollten. Barsalonas Theorie bestand darin, daß Live-Auftritte ebensoviel abwerfen könnten wie Plattenaufnah-

men, und in der Tat profitierten die Who sehr von der Erfahrung seiner Firma. Keine andere britische Rockband machte sich so viel Mühe, um beim amerikanischen Publikum anzukommen.

Zu Hause in Großbritannien jedoch hatte die Popularität der Who fast den Nullpunkt erreicht. Im September brachte Track *Magic Bus* heraus, doch die Platte kam nur auf Platz 26 in den Charts und schnitt damit sogar noch schlechter ab als der vorhergegangene Flop *Dogs*. *Magic Bus* war ein allzu offensichtlicher Lückenfüller mit einem wenig originellen Bo-Diddley-Beat und einem unverständlichen Text, und Nichteingeweihte fragten sich schon, ob die Who vielleicht am Ende ihres Weges angekommen waren. Tatsächlich hatte Townshend den Song etwa zur Zeit von *My Generation* geschrieben, und seine Veröffentlichung war ein Beleg dafür, daß der Vorrat an altem Material allmählich zur Neige ging.

Die Gruppe war inzwischen aus Amerika zurückgekommen und hatte sich sofort in die IBC-Studios in Portland Place zurückgezogen, um mit den Aufnahmen zu *Tommy* zu beginnen. Die Arbeit an dem Doppelalbum entwickelte sich zu einer ungeheuren Strapaze und dauerte insgesamt etwa sechs Monate. Danach hatte jedes Mitglied der Band von der ganzen Angelegenheit gründlich die Nase voll. Niemand ahnte, daß die Aufnahmen zu *Tommy* noch gar nichts waren im Vergleich zu dem, was dieses Album noch alles nach sich ziehen sollte.

Im November kam es bei einer Reihe einzelner Shows in Großbritannien zu einem denkwürdigen Vorfall im Granada in Walthamstow, wo der Theatermanager den Vorhang fallen ließ, bevor die Who ihr Programm beendet hatten. »Ich habe genug von all der Gewalt auf der Bühne«, erklärte er in der Woche danach der Musikpresse. »Das ist doch nicht nötig. Ich habe das den Who auch vorher gesagt. Sie meinten daraufhin, Gewalt sei für ihre Shows in Amerika ganz wichtig, aber ich machte ihnen klar, daß Amerika eine Sache ist, England aber eine ganz andere.«

Im selben Monat trat bei Track Records ein junger Absolvent der Universität von Cambridge ein, der bald die Rolle von Kit Lambert und Chris Stamp als Manager übernehmen sollte. Der in Wolverhampton geborene Pete Rudge, der einen akademischen Grad in Geschichte aufzuweisen hatte, buchte bei Track zunächst Tourneen für The Crazy World Of Arthur Brown, doch sein Organisationstalent – eine bei Track bisher bitter vermißte Fähigkeit –, sein Einfühlungsvermögen in die wirtschaftliche Seite des Musikgeschäfts (besonders was Tourneen betrifft) und der ihm eigene Verhandlungsstil eines Schnellfeuergewehrs sorgten für seinen rasanten Aufstieg. Innerhalb von zwei Jahren wurde Rudge der »geschäftsführende« Manager der Who und übernahm damit die alleinige Verantwortung für die Organisation ihrer mit Terminen vollgepackten Amerikatourneen.

Es war schon beinahe Tradition, daß im November ein neues Who-Album herauskam, doch Ende 1968 warteten die Fans vergeblich. Statt dessen brachte Track *Direct Hits* heraus, ein Sammelalbum mit den Songs *Bucket T*, *I'm A Boy*, *Pictures Of Lily*, *Doctor Doctor!*, *I Can See For Miles*, *Substitute*, *Happy Jack*, *The Last Time*, *In The City*, *Call Me Lightning*, *Mary Anne With The Shaky Hand* und *Dogs*.

In Amerika stellte Decca unklugerweise ein Album mit dem Titel *Magic Bus, The Who On Tour* zusammen, das den falschen Eindruck erweckte, es handle sich um ein Live-Album. Das schludrig gemachte Sammelalbum mit einigen schlecht abgemischten Songs trug nicht gerade dazu bei, den wachsenden Ruhm der Who in Amerika zu mehren. Die Gruppe war zu Recht sauer, als sie merkte, was ihre amerikanische Plattenfirma da angerichtet hatte.

Am 12. Dezember wurden die Who gefilmt, als sie *A Quick One* für den Rolling-Stones-Film »Rock And Roll Circus« spielten, der jedoch nie in die Kinos kam – vermutlich, weil die Stones mit ihrer eigenen Leistung nicht zufrieden waren. Das Jahr endete zwar für die Who reichlich deprimierend, doch das Weihnachtsfest von 1968 sollte das letzte sein, an dem die vier Mitglieder der Band und ihr Management-Team ihre letzten Pennies für den Festtagsbraten zusammenkratzen mußten. Ein neuer Anfang stand bevor.

Erfüllte Träume

Das spektakulärste Jahr in der Karriere der Who begann ungewöhnlich ruhig. Abgesehen davon, daß Roger wegen kleinerer Verkehrsdelikte vor Gericht erscheinen mußte und die Einladung zur Show von Tom Jones im britischen Fernsehen nach heftigen Diskussionen ausgeschlagen wurde, verschanzten sich die Who im Januar und Februar die meiste Zeit im Studio, um *Tommy* den letzten Schliff zu geben.

Das Ganze war für die Gruppe ungeheuer anstrengend. »Als wir an *Tommy* arbeiteten«, berichtet Roger Daltrey, »kam Pete manchmal mit nicht mehr als einem halben Demo an. Wir haben stundenlang nur geredet. Wahrscheinlich hat uns das genausoviel Zeit gekostet wie die Aufnahmen selbst. Wir verbrachten ganze Wochen damit, Arrangements für die Musik zu suchen.«

Keith Moon kann das nur bestätigen. »Pete hatte mindestens zwei Jahre an *Tommy* gearbeitet und seine Songs wie ein Puzzle zusammengesetzt, aber als wir ins Studio gingen, hatten wir nach wie vor nur Bruchstücke vor uns. Pete sagte immer nur: ›Was haltet ihr davon?‹, und dann hatte einer von uns eine Idee, und allmählich zog die ganze Gruppe nach.«

In der ersten Märzwoche brachte Track den ersten Auszug aus *Tommy* heraus, einen fesselnden neuen Townshend-Song mit dem Titel *Pinball Wizard*. Er war für Nik Cohn geschrieben worden, einen Journalisten und fanatischen Flipper-Spieler, der eng mit Pete, Kit Lambert und Chris Stamp befreundet war. Es war die mit Abstand beste Single der Who seit *I Can See For Miles* achtzehn Monate davor.

Pinball Wizard begann mit dem vielleicht besten Gitarrenpart, den Pete Townshend je geschrieben hat: Nach einer langsamen, spannungsgeladenen Einleitung durch eine Reihe ungewöhnlicher, recht melancholischer Akkorde wird die rhythmische Balance durch wildes Geklimper auf einer akustischen Gitarre gehalten, wobei jeder Wechsel durch Johns Baßgitarre unterstrichen wird. Rogers Gesang hatte sich unwahrscheinlich verbessert, und Keiths gewohnt ungestüme Schlagzeugarbeit gab dem Song entschieden mehr Tempo. Falls je einer bezweifelt hatte, daß Pete Townshend der beste Rock-Rhythmusgitarrist war, wurde er durch *Pinball Wizard* eines Besseren belehrt. Die B-Seite war ein nicht sehr ernst gemeintes Stück von Keith Moon mit dem Titel *Dogs Part II*, komponiert von »Moon, Towser und Jason«. Towser war Petes Spaniel, Jason Johns Lieblings-Deerhound.

Obwohl *Pinball* wirklich brillant war, kam der Song in den britischen Charts nur auf Platz 4 und in Amerika – trotz der Beliebtheit der Band im Jahr davor – sogar nur auf Rang 19.

Das nächste Stadium von *Tommy* war die Entwicklung einer Live-Show, die zeitgleich mit dem Erscheinen des Albums aufgeführt werden sollte, und so fanden im März und April intensive Proben statt. Schon immer hatten die Who die visuelle Seite ihrer Show stärker betont als jede andere Band der sechziger Jahre, und nun bekamen sie die Chance, diesen Teil ihrer kollektiven Persönlichkeit zu absoluter Perfektion zu entwickeln. Nach einem Monat waren die Who soweit, daß sie die gesamte *Tommy*-Oper nonstop aufführen konnten – volle neunzig Minuten ununterbrochener, spannungsgeladener Rockmusik, dargeboten mit erstaunlicher Selbstsicherheit und ungeheurer Vitalität.

Am Ende dieser Proben waren die Who zweifellos, was ihre Live-Auftritte betrifft, die aufregendste Rockband aller Zeiten. Keiner ihrer Konkurrenten kam auf diesem Gebiet auch nur annähernd an sie heran, und nun hatten sie endlich wieder neues, gutes Material für ihre Shows.

Diese Chance ließen sie sich nicht entgehen, besonders Roger, der mit seinem neuen, sexbetonten Image und seinen lockigen Haaren bald für alle Leadsänger in der Rockmusik zum Vorbild wurde. Als Sprecher der Who auf der Bühne wurde Roger zu Tommy, und dank Roger wurde Tommy in seiner mit langen Fransen besetzten Wildlederjacke zu einer sehr viel attraktiveren Figur als der taubstumme und blinde Junge aus Petes Phantasie.

Petes Geschmack in Sachen Mode ging in die entgegengesetzte Richtung, und so trug er auf der Bühne nur einen einfachen weißen Overall. Der Overall war ausgesprochen praktisch, weil sein lockerer Sitz Petes Bewegungsfreiheit in keiner Weise hemmte und seine ausgebeulten Knie die Gummipolster verdeckten, die Townshends Kniescheiben vor Verletzungen schützen sollten. Johns Schneider hatte für den phlegmatischen Baßgitarristen eine Reihe ausgefallener Ledersachen entworfen, darunter auch den berühmten Skelettanzug, und Keith präsentierte sich von nun an ganz in Weiß und verstand es geschickt, seinen gesundheitlichen Verfall zu verschleiern.

Diese brillanten, auf Perfektion getrimmten Who im neuen Look wurden am 2. Mai, wenige Wochen vor dem Erscheinen des Albums *Tommy*, um 1 Uhr mittags im Ronnie Scott's Club in Soho der britischen Presse vorgestellt. Bei Chicken Curry, Reis und Weißwein erwarteten die Reporter einen kurzen Auftritt der Who auf der winzigen Bühne, auf der sonst die Größen des modernen Jazz zu Hause waren. Mit seiner niedrigen Decke bot der Klub den Who genau die intime Atmosphäre, die sie für die Präsentation ihrer spektakulären neuen Show brauchten.

»Am Anfang schienen sie ganz ruhig zu spielen, doch nach dem ersten Stück – der Ouvertüre – nahm die Lautstärke zu, bis sie beinahe unerträglich wurde«, berichtet

Chris Welch, der den MELODY MAKER vertrat. »Doch keiner verließ den Saal. Die Musik war einfach zu gut. Sie spielten ununterbrochen anderthalb Stunden lang, und am Ende standen alle da und applaudierten, was für einen Presseempfang schon sehr ungewöhnlich ist. Im allgemeinen reagierte die Presse bei solchen Gelegenheiten nicht gerade enthusiastisch.

Die Who wollten um jeden Preis einen guten Eindruck machen, und das gelang ihnen auch. Ich saß damals genau vor Keith Moons riesigem Schlagzeug, und als ich nachts nach Hause kam und zu Bett ging, sah ich im Traum Keith an den Drums noch lebhafter vor mir. Er war an diesem Tag absolut phantastisch, aber es war so laut, daß es mir noch zwei Tage später in den Ohren klang.«

Wie viele andere Anwesende ging Welch ins Büro seiner Zeitschrift zurück, die damals von allen wöchentlich erscheinenden Musikzeitschriften im Land die einflußreichste und meistgelesene war, und schrieb einen begeisterten Artikel. »Ich sehe Roger noch vor mir, wie er sein Mikro an der Schnur herumschleuderte und nur knapp die Decke verfehlte. Ich mußte in Deckung gehen, als es auf meinen Tisch zukam, aber wie durch ein Wunder hat er nie jemanden oder etwas getroffen.

In derselben Woche kam Kit Lambert mit dem ersten Exemplar von *Tommy* ins Büro des Herausgebers und bot dem MELODY MAKER eine Exklusivstory an für den Fall, daß sie auf der Titelseite erschien. Jack Hutton, der Herausgeber, gab sich in seiner üblichen schottischen Art wenig begeistert, und so ging Kit mit dem Album in der Hand wieder hinaus und drohte, damit zum NEW MUSICAL EXPRESS zu gehen. Jack sprang auf und rannte ihm nach, und Kit bekam seine Exklusivstory. Ich mußte für die Titelseite einen Artikel mit der Überschrift ›Triumph der Who‹ schreiben.«

Die Begeisterung der Presse war jedoch nicht ungeteilt. Der NEW MUSICAL EXPRESS beschuldigte die Who, »kraftlos« und »prätentiös« zu spielen, und einige andere Publikationen sprangen auf diesen Zug auf und warfen Pete Townshend vor, mit Tommys Behinderung Kasse zu machen. Die meisten jedoch feierten das Doppelalbum als die erste Rock-Oper überhaupt (was nicht stimmte) und betrachteten ihr Erscheinen als quasi-kulturelles Ereignis wie das Erscheinen von *Sergeant Pepper's Lonely Hearts Club Band*. Doch das Album *Tommy* setzte sich gewissermaßen zwischen zwei Stühle: Die seriöse Presse nahm den Begriff »Oper« zu wörtlich, während ein großer Teil der Musikzeitschriften den Who vorwarf, durch die systematische Vermarktung gehe der Geist ihrer Musik verloren.

Wenn man bei *Tommy* überhaupt von Mängeln reden konnte, beschränkten sie sich auf die Länge des Albums und seine etwas verschwommene erzählerische Linie. Die vier Plattenseiten enthalten einige der besten Stück der Who – *Pinball, See*

Me Feel Me, *Undertue*, *Amazing Journey* und *I'm Free* –, doch wird dieses Niveau nicht immer durchgehalten. Die Hereinnahme von zwei Songs von John Entwistle störte den Fluß der Musik, und mindestens ein halbes Dutzend Townshend-Songs entsprachen einfach nicht seinem gewohnt hohen Standard. Auf eine einzelne LP gekürzt, wäre *Tommy* das beste Werk der Who überhaupt. Dennoch enthalten diese beiden Platten Instrumentalsektionen, in denen Keith Moons Arbeit am Schlagzeug zum Besten gehört, was auf dem Gebiet der Rock-Percussion je aufgenommen worden ist. Auch Rogers Gesang ist auf *Tommy* unglaublich verbessert, und so ist das Album nicht nur ein Meilenstein in der Karriere der Who, sondern in der Geschichte des Rocks schlechthin.

Tommy wurde natürlich ein gigantischer kommerzieller Erfolg, doch das Album verkaufte sich nicht nur wegen seiner Musik. Schon die Aufmachung – ein blaues, dreifach ausklappbares Cover mit einem zwölfseitigen Textheft, das auf sieben Seiten Bilder von Mike McInnerney enthielt – wirkte äußerst geheimnisvoll, und obskure spirituelle Bezüge sowie überzogene psychedelische Anklänge sollten ganz gezielt die jungen Pseudo-Intellektuellen jener Tage ansprechen. Townshend ging sogar so weit, Meher Baba als seinen Avatar zu bezeichnen. *Tommy* erzielte eine derartige Wirkung, daß es für jeden, der als halbwegs modern gelten wollte, ganz einfach ein Muß war, wenigstens ein Exemplar des Albums im Schrank zu haben.

Tommy auf Tournee

Die Who waren sich völlig darüber im klaren, daß die größte Stärke von *Tommy* in der Live-Aufführung lag, und so flogen sie am 8. Mai nach New York zu einer zweimonatigen US-Tournee, die mit drei Abenden im Fillmore East von Promotor Bill Graham begann, wo die Band zusammen mit It's A Beautiful Day und Sweetwater zwei Shows pro Abend gab. Den Eröffnungsabend sollten die Who so schnell nicht vergessen.

Das »Feuerkonzert von Fillmore« ist zu einem herausragenden Ereignis in der Geschichte der Gruppe geworden, obwohl es in Wirklichkeit im Rocktheater an der Lower Eastside von Greenwich Village gar nicht gebrannt hat. Lediglich ein benachbarter Laden fing zufällig Feuer, als die Who die Bühne betraten, um erstmals *Tommy* in Amerika vorzustellen. Die Band hatte gerade eine halbe Stunde gespielt und wollte soeben *Summertime Blues* bringen, als die Zuschauer in den letzten Reihen Rauch rochen und nach und nach durch die Seitentüren verschwanden. Die vorn Sitzenden aber waren von der Show so gefesselt, daß sie alles um sich herum vergaßen, und auch die Who waren derart in ihr Spiel vertieft, daß nichts sie stören konnte.

Etwa zwanzig Minuten nach Beginn von *Tommy* wagte es der Polizist Daniel Mulhearn, ein Zivilbeamter vom 9. Polizeidistrikt, ohne vorherige Absprache mit Bill Graham das Programm der Who zu unterbrechen und durch eines der Mikrophone eine Durchsage zu versuchen. Roger Daltrey und Pete Townshend, die weder vom Feuer etwas bemerkt noch eine Ahnung von der Identität ihres aufdringlichen Besuchers hatten, waren über die Unterbrechung so erzürnt, daß sie Mulhearn reichlich unsanft von der Bühne entfernten. Townshend versetzte ihm einen Schlag in die Magengrube, während Daltrey ihn in die Richtung zurückstieß, aus der er gekommen war. Gleichzeitig spielten Moon und Entwistle ungerührt weiter, und das Publikum, das weder den Polizisten noch seine Absicht kannte, reagierte mit stürmischem Beifall.

Bei der nächsten passenden Gelegenheit betrat Bill Graham die Bühne. Er nahm das erstbeste Mikrophon und klärte die Band und ihr Publikum auf, das den Saal verließ und auf die Straße hinausging, wo weitere 2700 Menschen schon für die Spätvorstellung anstanden. Drei Tage danach fand sich Pete Townshend vor Gericht unter der Anklage wieder, den Polizisten Mulhearn tätlich angegriffen zu haben. Roger Daltrey kam ungestraft davon, doch Pete wurde zu einer Geldstrafe von 75 Dollar verurteilt, nachdem verschiedene Anklagepunkte fallengelassen worden waren. Die anderen Auftritte der Who im Fillmore an jenem Wochenende liefen ohne Zwischenfälle ab, doch der betreffende Vorfall trug natürlich entscheidend dazu bei, das spezielle Image der Gruppe weiter zu festigen.

Bei dieser US-Tournee schlug die Band konditionell alle Rekorde. Zum ersten Mal in ihrer Karriere waren sie wirklich gefragt, und Promoter aus ganz Amerika rannten Premier Talent in New York die Bude ein, um die Who zu engagieren. Die Nachricht von ihrer außergewöhnlichen Show verbreitete sich wie ein Lauffeuer unter Fans wie Konzertveranstaltern, und niemand wollte die Gruppe versäumen. Die Tournee, die im Mai begonnen hatte und ursprünglich auf zwei Monate angesetzt war, zog sich bis in den Juli und August hinein. In Abwesenheit eines Tourneemanagers machte Pete Townshend immer weitere Termine für die Band aus, obwohl im August schon unübersehbar war, daß sowohl die Gruppe als auch ihre Roadies am Ende ihrer Kräfte waren.

Das Album *Tommy* kam als erstes Album der Who in die amerikanischen Top Ten und blieb dank der endlos langen Tournee auch sehr lange in den Charts. Es kletterte bis auf Platz 4 und hielt sich insgesamt so lange, daß die Platte in den nächsten zwölf Monaten einige hunderttausend Dollar an Tantiemen einbrachte. Auch die Tournee warf Profit ab, denn mit *Tommy* als Höhepunkt der Show war es nun nicht mehr nötig, mit der auf Dauer monotonen – und teuren – Regelmäßigkeit früherer Tourneen Instrumente zu zerschlagen. Von nun an setzten sie die Zerstörung von Teilen ihrer Ausrüstung nur noch spontan ein – immer dann, wenn Pete Townshend diese Geste für absolut unverzichtbar erachtete. Dies war meist nach einer besonders guten – oder besonders schlechten – Vorstellung der Fall.

Im Juli kehrten die Who kurz nach England zurück, um bei den Pop Proms, einer Reihe von Konzerten in der Londoner Royal Albert Hall, zu spielen. Sie traten im gleichen Programm wie Chuck Berry auf, doch die Fans von hartem Rock'n'Roll, die Berry angelockt hatte, konnten mit dem opernhaften Pomp der Who-Show wenig anfangen. Die Who aber spielten trotz der Buh-Rufe weiter, auch als diese zu Schlägereien zwischen Who-Fans und Chuck-Berry-Fans eskalierten.

Nach ihrer Rückkehr nach Amerika gaben die Who am Sonntag, dem 17. August, zu früher Stunde auf dem Woodstock Music and Arts Fair in Bethel im Bundesstaat New York eine der besten Vorstellungen ihrer Karriere. Das Festival, das fast eine halbe Million Menschen anzog, war vermutlich die größte Rock-Show aller Zeiten, und so war es nur recht und billig, daß der Beitrag der Who ein Höhepunkt – vielleicht sogar der Höhepunkt schlechthin – des dreitägigen Großereignisses werden sollte.

Zwei Monate zuvor hatte Townshend nach viel gutem Zureden die Entscheidung gefällt, in Woodstock aufzutreten. Vorausgegangen war eine Diskussion im Haus von Frank Barsalona, dem Chef vom Premier Talent, die sich über die ganze Nacht hingezogen hatte. John Morris, der Koordinator des Festivals, war ebenso zugegen wie John Wolff, der Tourneenmanager der Who. Zunächst hatte Townshend sich geweigert, in Woodstock zu spielen, weil die Who völlig erschöpft waren. Doch Barsalona und Morris blieben hart, und als es hell wurde, gab Pete, der schon dunkle Schatten unter den Augen hatte, nach. »Na schön. Ich geb's auf. Ich mach's«, verkündete er. »Vorausgesetzt, ihr laßt mich erst mal ein bißchen schlafen.«

Nach weiteren Diskussionen, während derer Pete in einer Ecke des Zimmers selig schnarchte, einigte man sich auf eine Gage von 12500 Dollar.

Beim Festival selbst wuchsen die Spannungen noch weiter. Die Who mußten hinter der Bühne warten, nachdem sie vierundzwanzig Stunden nicht geschlafen hatten; die Getränke waren mit LSD gestreckt, und eine Zeitlang sah es sogar so aus, als sollten sie für ihre Mühen nicht einmal bezahlt werden. Einmal versuchten die Organisatoren des Festivals, den Auftritt der Who zu erpressen, indem sie dem Publikum erklärten, die Band habe abgesagt, weil sie noch nicht bezahlt worden sei, doch schließlich nahm John Wolff einen Scheck über 11 200 Dollar entgegen, und um 3.30 Uhr morgens, unmittelbar nach Sly Stone, betraten die Who die Bühne. Doch damit hatten die Probleme noch kein Ende.

Als das Programm der Who langsam in Schwung kam und sie mit *Tommy* begannen, kam Abbie Hoffman, der berühmte Polit-Hippie, auf die Idee, die Vorstellung mit einer Rede über John Sinclair zu unterbrechen. Unter dem sichtbaren Einfluß von Acid schlurfte Hoffman auf die Bühne, um die Menge mit dem Ex-Manager von MC5 zu solidarisieren, der wegen des Besitzes von zwei Joints zu neun Jahren Haft verurteilt worden war.

Townshend reagierte nicht anders als drei Monate zuvor im Fillmore East. Als Hoffman ins Mikrophon des Gitarristen brüllte, holte Pete mit seiner Gibson-Gitarre aus und versetzte ihm einen derartigen Schlag, daß der hysterische Möchtegern-Redner bei den Fotografen landete. Das letzte, was man von Hoffman sah, war, wie er auf der Flucht in die Menschenmenge wüste Beschimpfungen in Richtung Bühne schickte.

Wie im Fillmore spielten die Who unbeeindruckt weiter, doch diesmal gab es keine Unterbrechungen mehr, sondern nur noch stetig anschwellende, einstimmige Beifallsstürme. Sie spielten durch bis zum Morgengrauen, und als sich die Sonne über den Bäumen erhob, konnte Pete Townshend zum ersten Mal die riesigen Menschenmassen erkennen. Beim Finale schleuderte er seine Gitarre in die Menge, und Keith Moon stolperte im Gekreische der Rückkopplungen mitten durch sein Schlagzeug. Mehr als alle ihre anderen Vorstellungen sollte dieser Auftritt den Ruf der Who in Amerika für alle Zeiten besiegeln. Zu ihrer wachsenden Unzufriedenheit mußten sie jetzt nie mehr versuchen, das Publikum zu überzeugen.

Superstars

Die Who waren völlig erschöpft, als sie am 31. August per Hubschrauber von Bournemouth auf die Isle Of Wight kamen, um beim dortigen Festival in Freshwater Farm neben Bob Dylan aufzutreten, der eigens zu diesem Anlaß seinen vorübergehenden Ruhestand unterbrochen hatte. Die riesige Menge, die die Gruppe dort erwartete, war sich nicht im klaren darüber, daß die Who nach vier Monaten auf Tournee sich gegenseitig nicht mehr ausstehen konnten und daß *Tommy* ihnen bis obenhin stand.

Eine Erholungspause war dringend vonnöten, und so zogen sich im September die einzelnen Mitglieder der Who zu

ihren allmählich größer werdenden Familien zurück.

Alle ihre Ehefrauen hatten innerhalb von zwei Jahren nach der Hochzeit Kinder bekommen. Karen Townshend schenkte Pete eine Tochter namens Emma, zu der sich später noch Aminta gesellte. Auch Rogers zweite Frau Heather gebar zwei Töchter, Rosie Lee und Willow, während Keiths Frau Kim ein knappes Jahr nach ihrer Heirat Tochter Mandy bekam. Den einzigen männlichen Erben der Who (abgesehen von Simon, Rogers Sohn aus erster Ehe) hatte die Band Johns Frau Alison zu verdanken. Er wurde Christopher Alex John getauft.

Während sich die vier Musiker der Who im September darauf beschränkten, ihre lange vernachlässigten häuslichen Pflichten nachzuholen, befanden sich Kit Lambert und Chris Stamp in der glücklichen Lage, den riesigen Schuldenberg der Who zum größten Teil abtragen zu können. Ihre direkte Verbindung zur Gruppe neigte sich ihrem Ende zu: Track Records nahm den Löwenanteil ihrer Zeit in Anspruch, und sie schienen nur allzu froh, das Management der Who an den Erstbesten zu übertragen, der sich der Aufgabe gewachsen erwies.

Als John Wolff seinen Job als geschäftsführender Manager aufgab, sprang Pete Rudge in die Bresche und übernahm gegen Ende 1969 praktisch das Management der Who. Auch wenn er nicht offiziell als Manager firmierte, war er doch ihr globetrottender Geschäftsführer, der nicht nur damit betraut war, weltweit in ihrem Namen über Beträge in Millionenhöhe zu verhandeln, sondern auch über das dafür nötige Geschick verfügte. 1969 kamen keine weiteren Who-Platten heraus, doch im Oktober ging die Gruppe erneut auf Tournee. Wieder flogen sie nach Amerika, aber diesmal wollten sie sich mehr auf die Ostküste und Kanada konzentrieren. Im Dezember unternahmen sie dann eine längst überfällige Großbritannientournee, bei der sie unter anderem eine Vorstellung in der Universität von Leeds gaben, die für das im nächsten Jahr erscheinende Album *Live At Leeds* aufgezeichnet wurde. Außerdem traten sie im Londoner Coliseum auf, wo die Operntruppe von Sadlers Wells zu Hause ist.

Das dortige Konzert kündigte schon die ungewöhnliche Tournee der Who in ihrer gesamten Karriere an: die durch mehrere europäische Opernhäuser im Januar 1970.

Keith auf der Anklagebank

Das neue Jahrzehnt begann für Keith mit einem scheußlichen Vorfall, in den er verwickelt war. Am 4. Januar war er eingeladen, in Hatfield in der Grafschaft Hertfordshire eine Diskothek zu eröffnen. In Begleitung seiner Frau Kim, seines Freundes »Legs« Larry Smith, der Bonzo Dog Doo Dah Band und der damaligen Freundin von Larry fuhr er von London aus in seinem neuen Bentley dorthin. Am Steuer saß Neil Boland, seit zwölf Monaten Keiths Chauffeur.

Vor der Disko wurde eine Bande ortsansässiger Skinheads auf Keiths luxuriösen Wagen aufmerksam und umstellte das Fahrzeug. Boland stieg aus, um den Weg freizumachen, doch dabei wurde er vor die Vorderräder gestoßen. Was dann geschah, konnte nie vollständig aufgeklärt werden, aber der Wagen schoß mit Boland unter den Vorderrädern nach vorn und kam erst auf der Straße vor dem Parkplatz zum Stehen. Die Polizei wurde gerufen und Boland schließlich von Feuerwehrleuten aus seiner Lage befreit, doch erlag er noch im Notarztwagen auf dem Weg zum Krankenhaus seinen Verletzungen.

Das allgemeine Durcheinander wurde noch dadurch vergrößert, daß infolge eines Stromausfalls in Hatfield Keith zur Polizeiwache in Welwyn gebracht werden mußte, wo er mehr als eine Stunde lang verhört wurde. Keith, der völlig mit den Nerven fertig war, erzählte wartenden Journalisten: »Ich habe die Polizei bei ihren Nachforschungen unterstützt und eine Erklärung abgegeben. Ich habe nichts mehr mit der Polizei zu tun.«

Bei einer gerichtlichen Untersuchung von Bolands Tod einen Monat später kam die Jury zu dem Ergebnis, daß es sich um einen Unfall handelte und niemand dafür verantwortlich zu machen war. Keith, Kim und Larry Smith gaben ihre Angaben zu Protokoll, doch als angedeutet wurde, daß Kim den Wagen gefahren haben könnte, stellte Keith die Sache klar: »Jeder weiß, daß ich gefahren bin und alles nur ein schrecklicher Unfall war.«

Das hielt die Polizei jedoch nicht davon ab, Keith des Fahrens unter Alkoholeinfluß, ohne Führerschein und ohne Versicherung zu beschuldigen. Er bekannte sich schuldig, wurde aber freigesprochen. Der zuständige Staatsanwalt Roland Lee stellte fest: »Im Wagen herrschte verständliche Panik. Die Insassen hatten Angst. Moon sagte hinterher offen und ehrlich, was passiert war. Er gab an, er habe deshalb seinen Chauffeur fahren lassen.« Der Magistratsvorsitzende bestätigte Keith: »Sie konnten nicht anders handeln. Sie haben sich nichts vorzuwerfen.«

Doch diese Worte konnten Keiths Gewissen nicht entlasten. Er fiel in eine Phase schwerster Depressionen, die durch Alkohol noch verstärkt wurden.

Als er sich wieder aufgerafft hatte, wollte er nie mehr über diesen Vorfall sprechen.

Der Glanz der Oper

Eine Woche nach dem Unfall saß Keith bei der Opernhaus-Tournee der Who wieder hinter seinem riesigen Schlagzeug. Diese bewußt als Medienereignis inszenierte Tournee war hauptsächlich von Pete Rudge organisiert worden. Sie nahm ihren Anfang am 16. Januar im Théâtre Des Champs Elysées in Paris, führte dann über das Königliche Theater von Kopenhagen und die Opernhäuser von Köln und Hamburg nach Westberlin und endete schließlich im Concertgebouw in Amsterdam. Das Publikum stellte eine unmögliche Mischung dar: einerseits das Bildungsbürgertum mit Abonnementskarten, andererseits die eingefleischten Rock-Fans und Freunde der Who.

In Köln wurde die Band nach der Show von Bundespräsident Heinemann empfangen, und in Amsterdam wohnte die königliche Familie ihrer Vorstellung bei und nickte anerkennend, als Roger mit seiner Fransenjacke die beglückten Untertanen hypnotisierte. Die Konzerte in Deutschland zeichneten sich noch durch eine andere Besonderheit aus: Weil ihre Auftritte in Opernhäusern stattfanden, wurden die Who von den Behörden als Kulturträger eingestuft und deshalb von der Steuerpflicht befreit. Diese zuvorkommende Regelung gilt seither für alle Who-Konzerte in der Bundesrepublik.

Doch selbst der ungewöhnliche steuerliche Status der Who in Deutschland verblaßte gegen ihren Status innerhalb der Rockszene nach Beendigung der Opernhaus-Tournee. Dank *Tommy* hatten sie weltweit den Durchbruch geschafft. Mit einem Riesensatz waren sie in die winzige Elite jener Rock-Musiker vorgestoßen, deren Ansehen in Zukunft nicht mehr automatisch von der Qualität oder den Verkaufszahlen ihres neuesten Albums abhängig war. Wie die Rolling Stones, Led Zeppelin, Bob Dylan, John Lennon, Paul McCartney und Elvis Presley hatten sie sich für alle Zeiten einen festen Platz in der Rockgeschichte gesichert.

Was auch immer geschehen würde, eines war gewiß: Niemand konnte sie jetzt mehr ignorieren, überall waren ihnen ausverkaufte Häuser sicher, und auch ihre Platten hatten sich für immer einen festen Platz auf dem Markt erobert.

Dank *Tommy* waren sie nun auch außerhalb der Welt der Rockmusik bekannt. Der Vorfall mit Keith Moon beispielsweise hatte die Titelseiten der britischen Tageszeitungen gefüllt – ein sicheres Anzeichen für ihren neuen Status.

Dieser Status brachte auch eine gewisse Macht mit sich – die Macht etwa, Plattenverträge aus einer Position der Stärke heraus neu auszuhandeln, die Macht, höchstmögliche Vorschüsse auf künftige Tantiemen zu fordern, die Macht auch, von nun an selbst die Spielregeln zu bestimmen. Als ein Vertreter von Polydor Records bei Pete Townshend anfragte, wann denn ein (mit Sicherheit erfolgreicher) Nachfolger für *Tommy* zu erwarten sei, ließ Pete ihn seine neue Macht spüren. »Das Geschäft braucht ein neues Album«, meinte Polydor. »Ich bin das Geschäft«, antwortete Townshend.

Live at Leeds

Nach der Opernhaus-Tournee quälte sich Pete Townshend mit der Frage herum, was nach *Tommy* kommen sollte. Als Ideengeber und hauptsächlicher Komponist der Who fühlte er nun eine noch größere Verantwortung auf sich lasten als in der Zeit vor *Tommy*, als die Who auf dem Tiefpunkt ihrer Karriere angelangt waren. Im Februar brachten die Who einen autobiographischen Song von Pete mit dem Titel *The Seeker* heraus. Auf der B-Seite der Single fand sich mit *Here For More* eine der seltenen Kompositionen Roger Daltreys. Die Botschaft von *The Seeker* war zwar ebenso unmißverständlich wie gutgemeint, doch musikalisch konnte der Song den besten Stücken der Who nicht das Wasser reichen und kam deshalb in den britischen Charts nur auf Platz 19. In den USA schnitt er noch schlechter ab.

Im Mai wurde das Problem, einen Nachfolger für *Tommy* finden zu müssen, vorübergehend durch das Erscheinen von *Live At Leeds* gelöst. Redselig wie immer erklärte Pete der Presse: »Es gibt doch tatsächlich Leute, die glauben, daß die Band *Tommy* heißt und das Album *The Who*. Das muß anders werden.

Ich wollte schon ewig ein Live-Album machen. Wir haben alle unsere Shows der letzten Amerika-Tournee aufgenommen, weil wir glaubten, so an das beste Material zu kommen. Als wir dann zurückkamen, hatten wir achtzig Stunden auf Band und keine Chance, uns da durchzuwühlen, und so haben wir ein mobiles Studio gemietet und nach Leeds mitgenommen. Die Show dort stellte sich als eine der besten heraus, die wir je gemacht haben.«

Live At Leeds war eine Rückbesinnung auf die Anfänge der Band und ihre erste offene Auseinandersetzung mit ihrer eigenen Vergangenheit. Das Album, das wie eine typische Raubkopie aufgemacht war, enthielt Reproduktionen von zwölf Dokumenten oder Fotos aus den verschiedenen Stadien in der Karriere der Who. Zu diesen faszinierenden Dokumenten gehörte beispielsweise der Vertrag für Woodstock, ein Blatt aus der Buchführung der High Numbers, ein Schreiben, in dem die Band zur Rückgabe von Ausrüstungsgegenständen aufgefordert wurde, eine Quittung für Rauchbomben und das Originalmanuskript von *My Generation*.

Auch die Musik auf der Platte bezog sich auf vergangene Zeiten, aber das Entscheidende bei *Live At Leeds* war weniger das Songmaterial als die Art und Weise, wie es gespielt und aufgenommen wurde. Die Who hauchten Klassikern wie Eddie Cochrans *Summertime Blues* oder Johnny Kidds *Shakin' All Over* neues Leben ein, und bei ihrer Version von Mose Allisons *Young Man Blues* bewies Keith ein weiteres Mal, daß er am Schlagzeug eine Klasse für sich war. Das Album enthielt auch eine flotte Version von *Substitute*, doch das zentrale Stück war der *My Generation*-Jam, in dem Passagen aus *Tommy* ebenso zu finden waren wie improvisierter R&B und rhythmische Soli von Pete, die von der einzigartigen, wimmernden Baßgitarre von John Entwistle untermalt wurden. Das war der unverkennbare Who-Sound, den keine Gruppe jemals erreichte und der *Live At Leeds* zu einem der besten Live-Rock-Alben aller Zeiten macht.

Der Lohn

Trotz allem blieb das Problem eines Nachfolgers für *Tommy* ungelöst, und Pete Townshend wußte nun allzu gut, daß eine ganze Menge neuen Materials erforderlich war, um die überlange Oper im Live-Programm der Who zu ersetzen. Ihre Shows waren schon immer ziemlich lang gewesen, und im Gegensatz zu anderen Bands spielten die Who nur ganz selten die sonst obligatorischen Zugaben. Nach gut zwei Stunden erkannte das Publikum nach einem ständigen Anwachsen der Spannung, die dann im großen Finale wie durch ein Ventil abgelassen wurde, sehr gut von selbst, wann die Show vorüber war. Die entscheidende Frage war immer, was sie wohl spielen würden, ob das Ganze in Chaos und Zerstörung enden würde und ob die Who am Ende einander anbrüllen oder wie ein siegreiches Fußballteam die Ovationen entgegennehmen, Roger auf die Schultern heben und sich artig vor dem Publikum verbeugen würden.

Ovationen waren an der Tagesordnung, als die Who nach einer längeren Erholungspause im Sommer 1970 ein weiteres Mal nach Amerika flogen. Am 7. Mai wurden sie nach ihrer Vorstellung im New Yorker Metropolitan Opera House sogar von keinem Geringeren als Maestro Leonard Bernstein gelobt. Erneut vermischten sich im Publikum Hippies mit dem Geldadel, doch diesmal ließ Pete Townshend unmißverständlich durchblicken, auf welcher Seite er stand, als er diejenigen Zuschauer, die eine Zugabe forderten, rüde abfertigte. Vorher war in der Presse angekündigt worden, daß dies die endgültig letzte Aufführung von *Tommy* sein sollte, doch dem war nicht so. Zwar wurde *Tommy* im Lauf der Jahre immer mehr zusammengekürzt, aber die drei besten Songs des Albums – *Pinball Wizard*, *Undertüre* und der Refrain von *See Me Feel Me* – sollten noch zehn weitere Jahre im Live-Repertoire der Who bleiben.

Im Sommer 1970 konnten sie ihre Amerikatournee in sehr viel größerem Stil durchführen als gewohnt. Nun reisten sie mit einer kleinen Armee von Licht- und Tontechnikern, Bob Pridden schaffte die bestmögliche Verstärkeranlage an, und auch für das Wohlbefinden der Gruppe selbst war nichts zu teuer. In noblen schwarzen Limousinen legten die Who die Strecken zwischen Fünf-Sterne-Hotels und den Erste-Klasse-Kabinen von Flugzeugen zurück, und Reporter der meistgelesenen Zeitschriften standen vor der Tür von Pete Townshends Hotelsuite Schlange, um ein Interview mit diesem neuen Pop-Messias führen zu können.

»Die Tatsache, daß *Tommy* kommerziell so erfolgreich war, hat mich merkwürdig berührt«, erklärte er. »Das war die erste wirklich gute und gutgemeinte Sache, die ich gemacht habe, das erste Mal, daß ich wirklich etwas Gutes produzieren wollte. Ich versuchte, bestimmte Ideen in die Platte einzubringen, und deshalb gefiel es mir gar nicht, daß das Album auch Profit abwerfen mußte. Aber so ist das Leben: Man zieht seine Heilsarmee-Uniform an, und plötzlich steht der Rolls-Royce vor der Tür, und man bekommt den Himmel schon auf Erden . . .«

Bei den Who selbst gab es jedoch in bezug auf *Tommy* gemischte Gefühle. Zumindest John Entwistle wollte die Oper unbedingt durch neues Material ersetzen. »Als *Tommy* endlich auf den Markt kam, hatte ich das Album schon bis obenhin satt«, erzählte er später. »Ich habe die Platte zu Hause höchstens zwanzigmal gespielt, und dann nie ganz. Für die Live-Shows werden wir jetzt nur noch das Beste davon spielen.«

Nach ihrer Rückkehr aus Amerika traten die Who am 29. August zum zweiten Mal beim Isle of Wight Festival auf. Dies war das letzte Großereignis seiner Art in Großbritannien und der Auftritt der Who ihre letzte Live-Vorstellung für beinahe zwölf Monate. In der Garderobe herrschte Karnevalsstimmung, als Keith Moon fröhlich rohe Eier in sämtliche Drinks plumpsen ließ, doch aufmerksamen Beobachtern entging auch eine andere Seite von Keith nicht: Zwei Stunden lang saß er mit der unter chronischem Lampenfieber leidenden Melanie zusammen und machte ihr Mut, bevor sie vor die 300 000 Menschen auf die Bühne trat. Erst nach ihrem Auftritt wurde ihr klar, wer Keith war.

Lifehouse

Nachdem alle gemeinsamen Aktivitäten der Who vorerst auf Eis gelegt worden waren, begann Pete Townshend mit der Arbeit an ihrem langersehnten Nachfolgeprojekt von *Tommy*, dem er den vorläufigen Titel »Lifehouse« gab. Nachdem die abgesetzte Oper im Live-Programm der Gruppe ein riesiges Loch hinterlassen würde, war Pete klar, daß nur ein weiteres ausgedehntes Werk in Frage kam, und wäre »Lifehouse« nach seinen ursprünglichen Plänen verwirklicht worden, hätte es diesen Anspruch erfüllt.

»›Lifehouse‹ ist wie ein Theater«, erklärte Pete. »Es handelt von einer Band und von Musik und von Experimenten und Konzerten und einem Tag, an dem ein so unglaubliches Konzert gespielt wird, daß das ganze Publikum verschwindet.« Hm.

Im Zentrum seines Projekts »Lifehouse« stand die Beziehung zwischen den Who und ihrem Publikum, und er stellte sich ein Who-Konzert vor, bei dem aus den Zuschauern die Gruppe und aus der Gruppe ein Teil der Zuschauer würde. Ein oder zwei Wochen lang spielte er mit den Who im Young Vic Theatre vor einem speziell dazu eingeladenen Publikum aus überzeugten Who-Fans in der Absicht, die Show zu filmen, aber alles ging drunter und drüber, und die Fans betrachteten die Sache wie ein ganz normales Who-Konzert. Das Projekt wurde als unrealisierbar erkannt und aufgegeben, doch die Songs, die Pete für »Lifehouse« geschrieben hatte, erschienen später auf ihrem nächsten Album *Who's Next*, das allgemein als das beste der Gruppe gilt.

»Zu meinen Plänen für das Konzert im Young Vic«, sagte Pete, »gehörte auch, eine Person aus dem Publikum zu holen und ihre persönlichen Daten – Größe, Gewicht, astrologische Details und so weiter – in einen Synthesizer einzugeben, und der sollte dann diese Daten in Noten umwandeln. Das hätte praktisch bedeutet, einen Menschen in Musik zu übersetzen.«

John Entwistle fügte hinzu: »Das Projekt sollte auf dem Verhältnis zwischen den Who und ihrem Publikum aufgebaut sein. Wir haben im Young Vic eine Reihe von Experimenten gemacht, aber leider ging die Sache schief. Zuerst sollte ›Lifehouse‹ ein Doppelalbum werden, aber die Hälfte davon landete auf *Who's Next* und vier weitere Stücke auf *Odds And Sods*.«

Seitenstraßen von Ealing zwängte. Für zu Hause schaffte sich John eine unbezahlbare Sammlung mittelalterlicher Rüstungen an, und wie Roger ließ er sich ein Heimstudio einrichten, wo er an seinen eigenen Kompositionen arbeitete. Er hatte schon immer eigene Songs zu den Who-Alben beigesteuert, stand aber auf diesem Gebiet immer im Schatten von Pete Townshend, dem herausragenden Songschreiber der Gruppe. Gegen Ende 1970 begann John als erstes Mitglied der Who mit der Arbeit an einem Solo-Album. Dadurch fiel es ihm wieder leichter, sich mit seiner Rolle bei den Who abzufinden, denn nun würden alle Who-Fans merken, daß an diesem ruhigen Mann mit der Baßgitarre mehr dran war als nur sein einzigartiger Stil. John erweiterte seine Sammlung von Gitarren und schrieb immer mehr Songs mit dem ihm eigenen makabren Sinn für Humor. »Die üblichen Liebeslieder widern mich an«, bekannte er. »Ich kann über Spinnen und Alkoholiker oder Selbstmorde schreiben, aber bei der Liebe steh' ich auf dem Schlauch. Wenn ich es schaffe, so richtig unappetitliche Songs zu schreiben, mit denen ich die Menschen irgendwie aufrütteln kann, bin ich mit mir zufrieden.«

Geld wie Heu

Während Pete Townshend sich darauf konzentrierte, die Songs für »Lifehouse« bzw. *Who's Next* (und eine monatliche Kolumne für den MELODY MAKER) zu schreiben, konnten sich die restlichen Mitglieder der Gruppe aufgrund ihrer gewaltig angewachsenen Bankkonten nun ihr erstes arbeitsfreies Jahr genehmigen. Ihr neu erworbenes Vermögen, das sie hauptsächlich Petes kompositorischer Begabung zu verdanken hatten, erlaubte es Roger, John und Keith sowie Kit Lambert und Chris Stamp, erst einmal zu entspannen.

Roger zog nun in ein repräsentatives Herrenhaus aus der Zeit Jakobs I. in der winzigen Ortschaft East Burwash an der Grenze zwischen Kent und Sussex. Auch auf diesem Anwesen gab es viel zu tun, und Roger, das unermüdliche Arbeitstier, legte nicht lange die Hände in den Schoß: Er setzte in den beiden kleinen Seen auf seinem Grundstück Forellen aus, baute das Landgut zur Farm um und richtete in einer Scheune ein Aufnahmestudio ein. Aufgrund der Interviews, die er gab, und der mit ihnen veröffentlichten Fotos, die das Sexsymbol des Rock zeigten, wie er zu Pferde sein Landgut inspizierte, handelte er sich bald den ungeliebten Spitznamen »Squire Daltrey« ein.

»Es macht mir Spaß, auf dem Land zu arbeiten«, sagte er. »Ich möchte nie mehr in London leben. Lieber würde ich in einem Zelt wohnen. Wenn ich nicht Musiker geworden wäre, wäre ich wahrscheinlich als Landarbeiter mit 20 oder 30 Pfund zufriedener, als wenn ich in einer Fabrik das Doppelte oder Dreifache verdienen würde. Ich habe schon immer gesagt, daß ich so leben möchte, wenn ich mal Geld habe – und jetzt ist es soweit.«

John Entwistle blieb in Ealing wohnen und ging ähnlich vernünftig mit seinem Geld um. »Es ist schon verrückt«, meinte er. »Vor einem Jahr waren wir noch total pleite, und jetzt sind wir plötzlich alle Millionäre.« Seine auffälligste Anschaffung war ein langer schwarzer Cadillac mit jedem nur erdenklichen Luxus: Auf Knopfdruck konnte John sich von Fernseher, Cocktails, Stereomusik und Klimaanlage verwöhnen lassen, während sein Chauffeur sich durch die verkehrsreichen

Das große Geld

Immer, wenn Keith Moon viel Geld in die Finger bekam, waren die Folgen abzusehen. Ende 1970 galt Keith als verrückteste Persönlichkeit der gesamten Rockszene, doch war er wegen seines exzentrischen Wesens und seiner Großzügigkeit bei Kollegen wie Fans gleichermaßen beliebt. »Als ich erfuhr, daß ich Millionär war«, erzählte Keith, »erklärte man mir, daß es aus steuerlichen Gründen vernünftig sei, Geld auszugeben. Also kaufte ich vier Häuser, ein Hotel, acht Autos, einen Swimmingpool, Tennisplätze, sündteure Armbanduhren, die bald auseinanderfielen, und einen Bungalow an der Themse mit französischen Renaissancemöbeln. Innerhalb von sechs Wochen hatte ich alles ausgegeben.«

Keiths neuer Hauptwohnsitz war ein 65000 Pfund teurer Bungalow in Chertsey, ein Monument seiner Exzentrizität, das der Filmregisseur Peter Collinson hatte bauen lassen. Tara House war eine riesige Pyramide mit je einer kleineren Pyramide an den Ecken. Die Wände waren hauptsächlich aus Glas, und alle Bewohner und Gäste des Hauses waren permanent der Lebensart des Hausherrn ausgesetzt. Fernseher, Videogeräte, Stereoanlagen und Musikautomaten liefen rund um die Uhr. Auf der Einfahrt standen zwei Rolls-Royce, ein AC Frua 428, ein Mercedes, ein Chrysler-Oldtimer, ein Milchwagen und ein selten benutztes Tragflächenboot.

Während die Who eine Pause einlegten, stand Keith vor dem gleichen Problem wie Ringo Starr nach der Auflösung der Beatles: Langeweile. Nach sechs Jahren auf Tournee kannte Keith kein anderes Leben und hatte auch gar keine Lust, sich ein solches aufzubauen oder sich domestizieren zu lassen. Ohne die ständigen Live-Auftritte gab es für ihn keine sinnvolle Möglichkeit, seine überschüssige Energie loszuwerden. Statt dessen verwendete er seine ganze Phantasie darauf, sein Image als Witzbold noch weiter auszubauen, und strapazierte dabei oft die Grenzen seiner Kondition. Im Gegensatz zu den anderen drei weigerte er sich, erwachsen zu werden, und setzte dadurch auch seine Ehe mit Kim aufs Spiel.

Pete Townshend verdiente als Songschreiber deutlich mehr als die anderen, aber er ließ sich seinen Reichtum am wenigsten anmerken. Er wohnte weiterhin in seinem Haus an der Themse in Twickenham und experimentierte dort mit Tonbändern und Synthesizern, die der Musik der Who bald eine neue Dimension verleihen sollten. Er kaufte sich ein schönes Wohnmobil, das ihn zu mindestens einem Song (*Going Mobile*) inspirierte, und finanzierte verschiedene Projekte in Zusammenhang mit Meher Baba. »Glauben ist teuer«, sagte er vorsichtig, aber obwohl er sich gelegentlich von seinen Glaubensgenossen ausgenutzt fühlte, freute er sich doch, sein Glück mit anderen teilen zu können. Der überzeugte Sozialist Pete bekam beim Anblick der vielen Nullen auf seinen Tantiemen-Schecks immer ein schlechtes Gewissen, das er mit großzügigen Spenden für wohltätige Zwecke zu beruhigen versuchte.

Obwohl seine Gründe weniger offensichtlich waren als die von John, suchte auch Pete nach Wegen, seine Kreativität in Projekte zu investieren, die nicht unmittelbar mit The Who in Zusammenhang standen. Er war sehr befriedigt gewesen über den Erfolg seiner Zusammenarbeit mit Thunderclap Newman, dessen bei Track erschienene Single *Something In The Air* im Juli 1969 in den britischen

Keith Moon mit Annette Walter-Lax, seiner ständigen Begleiterin nach der Scheidung von Kim.

Charts auf Platz 1 gekommen war. Andy »Thunderclap« Newman, ein ehemaliger Postangestellter, war Jazzpianist und hatte sich mit dem Gitarristen Jimmy McCulloch und dem Drummer und Songwriter John »Speedy« Keene zusammengetan, der als Roadie für John Mayall arbeitete und für das *Who Sell Out*-Album *Armenia, City In The Sky* geschrieben hatte. Pete hatte diese drei zusammengebracht und unter dem Pseudonym Bijou Drains Baßgitarre gespielt und ein erheblich unterschätztes Album dieser Gruppe produziert. Doch die Live-Auftritte dieser unterschiedlichen Charaktere waren auch dann, wenn sie von Jim Avery (Baß) und McCullochs Bruder Jack (Drums) unterstützt wurden, eine Katastrophe, und 1970 löste sich die Gruppe auf.

Wie ein geistesabwesender Professor pfuschte Pete Townshend in seinem Studio wie in einem Labor herum und fertigte Dutzende von Demo-Bändern mit Gesang, Gitarre, Baßgitarre, Keyboards und Schlagzeug an. Die Bänder wurden anschließend archiviert, einige davon unter »Who«, andere unter »Meher Baba« und wieder andere unter »Vermischtes«. An der Wand gegenüber dem Tonbandarchiv hingen wie Trophäen zerschmetterte Gitarren, Rickenbackers, Fenders und Gibsons, Andenken an eine Phase in der Karriere der Who, die nun endgültig vorüber war.

Jeder für sich

In ihrer Freizeit kamen die Who nur selten zusammen. Sie trafen sich zu geschäftlichen Besprechungen, im Studio und bei Keith Moons Hauseinweihungsparty, doch echte persönliche Kontakte gab es zwischen diesen so unterschiedlichen Persönlichkeiten kaum. Der intellektuelle Komponist, der Realist und Hobbyfarmer, der gesetzte Bürger aus Ealing und der ausgelassene Spaßvogel hatten nur eines gemeinsam: Die Gruppe, die viel besser war als die Summe ihrer Teile und ausschließlich durch ihre Musik zusammengehalten wurde. Doch während andere Gruppen auseinanderbrachen, sobald sie das große Geld verdienten, blieben die Who zusammen; das Fehlen persönlicher Beziehungen zueinander spielte für ihr Fortbestehen als Gruppe eine entscheidende Rolle.

Die einzelnen Mitglieder der Who waren nicht die einzigen, die vom Erfolg von *Tommy* finanziell profitierten. Aufgrund ihres alten Managementvertrags standen Kit Lambert und Chris Stamp als verdienter Lohn für ihren Glauben an die Who und ihre Bereitschaft, im Interesse der Gruppe Berge von Schulden auf sich zu nehmen, nun recht erkleckliche Anteile an den Tantiemen zu. Obwohl ihr finanzielles Interesse an der Gruppe erhalten blieb, gingen ihre Management-Aktivitäten immer weiter zurück, was in den kommenden Jahren zu immer stärkeren Spannungen führte. Kit Lamberts unterschätzte Rolle als Produzent von *Tommy* hatte seine Beziehung zu Pete Townshend getrübt, und Roger Daltreys Unmut über das Mißverständnis zwischen der tatsächlichen Arbeit der Manager und ihrem Gehalt verschärfte noch die Situation.

1970 befaßten sich Lambert und Stamp damit, sämtliche alten Who-Titel mit Ausnahme der von Shel Talmy produzierten in neuer Aufmachung erneut auf den Markt zu werfen. Mit dieser Serie von Billigalben in einfachen Covern sollten der Öffentlichkeit alle Künstler von Track en gros vorgestellt werden, und in sieben verschiedenen Alben wurden Who-Songs munter mit der Musik von Jimi Hendrix, Arthur Brown, Thunderclap Newton, John's Children und anderen vermischt. Nummer acht und neun in dieser Serie waren einfach *The Quick One* und *The Who Sell Out*, die nun aber schon für 100 neue Pence zu haben waren, während Nummer 14 unter dem Titel *The Ox* eine längst überfällige Zusammenstellung von Who-Songs bot, die John Entwistle geschrieben hatte. Zur gleichen Zeit brachte Track auch *Tommy* als zwei einzelne LPs heraus. Im Juli 1970 veröffentlichte Track dann eine bearbeitete Version von *Summertime Blues* aus dem Album *Live At Leeds* als Single, die jedoch in den Charts kein Erfolg wurde.

Der ewige Clown

Im Frühjahr 1971 kamen die Who wieder in den Olympic Studios in Barnes zusammen, um *Who's Next* aufzunehmen. Die Sessions wurden von Glyn Johns produziert, der schon an früheren Aufnahmen der Who als Toningenieur mitgewirkt hatte, nachdem Kit Lambert der Gruppe als Produzent nicht mehr zur Verfügung stand. Acht der neun Stücke des Albums wurden im Olympic aufgenommen, das letzte jedoch, das als Single herauskommen sollte, in Stargroves, dem Landsitz von Mick Jagger.

Nach Aufnahme-Sessions in Barnes oder Treffen der Gruppe mit ihrem Management im Old Compton Street ging jeder der vier Musiker seine eigenen Wege: Pete fuhr in seinem weißen Mercedes nach

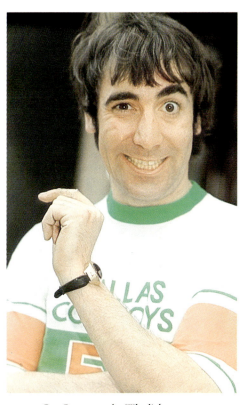

Der Drummer der Who liebte es, vor Freunden wie Fremden den Entertainer zu spielen.

Twickenham, Roger in seinem grünen Range Rover nach Burwash und John in seinem schicken schwarzen Cadillac nach Ealing. Keith dagegen blieb oft noch im West End hängen, wo er im La Chasse, einem privaten Klub in der Wardour Street über dem Marquee, mit funkelnden Augen vor Freunden wie vor Fremden den geborenen Entertainer mimte.

»Erzähl doch mal die Geschichte, Keith, als du in Atlanta den Fernseher aus dem Fenster geschmissen hast.«

»Naja, alter Junge. Ich hatte keine andere Wahl. Der verdammte Zimmerservice weigerte sich, meinen Champagner anständig zu kühlen. Wie hätte ich ihnen sonst klarmachen sollen, was ich davon hielt? Ha, ha, ha, ha.«

»Erzähl doch mal, Keith, wie du in diesem Hotel in New York die Tür aus den Angeln gesprengt hast.«

»Das verdammte Ding klemmte, alter Junge. War die einzige Möglichkeit, das Scheißding aufzukriegen. Ha, ha, ha, ha.«

»Erzähl doch mal, Keith, wie du im Holiday Inn ein Loch in die Wand gehauen hast, um ins Nachbarzimmer zu kommen.«

»Einer dieser verdammten Roadies schlief da drin wie ein Toter, und blöderweise hatte er meinen Kassettenrekorder. Keine Chance, ihn aufzuwecken. Hatte keine andere Wahl. Mußte ja irgendwie ins Zimmer kommen. Ha, ha, ha, ha.«

Später gingen die Clownerien im Speakeasy in der Margaret Street weiter, bis es für Peter »Dougal« Butler, den Nachtchauffeur von Keith, an der Zeit war, den alkoholisierten Drummer in seinem lilafarbenen Rolls-Royce Silver Cloud II, nach Chertsey zurückzufahren.

Am Ende solcher Nächte war Keiths Brieftasche leer, aber seine Geschichten erwärmten das kälteste Herz, und sein Lachen heiterte die einsamste Seele auf. Keith selbst jedoch hatte von dem Augenblick an, als er sich den Who anschloß, Herz und Seele an sein Publikum verloren.

Who's Next

1971 kam zunächst John Entwistles erstes Solo-Album *Smash Your Head Against The Wall* heraus. Es enthielt Songs jener makabren Art, die inzwischen Johns Markenzeichen geworden war. Von der Presse wurde es wohlwollend aufgenommen, und obwohl der Verkauf in Großbritannien weit hinter dem in Amerika zurückblieb, ermutigten die Publikumsreaktionen John dazu, parallel zur Arbeit mit den Who seine Solokarriere weiterzuverfolgen. Die LP enthielt unter anderem den Song *Heaven And Hell*, der bereits von den Who (als B-Seite zu *Summertime Blues*) aufgenommen worden war und von der Gruppe in den Jahren 1970 und 1971 oft zur Eröffnung ihrer Live-Show gebracht wurde. Auch in Johns späteren Solo-Alben waren immer wieder Neuaufnahmen seiner Who-Songs vertreten. Die Gitarre spielte meist Cyrano Langsten, der schon als Roadie und als Toningenieur im Aufnahmestudio für die Who gearbeitet hatte. An den Drums saß entweder Keith Moon oder Jerry Shirley von Humble Pie, und auch Neil Innes und Keiths Freund Viv Stanshall, beide von der Bonzo Dog Doo Dah Band, spielten auf der Platte mit.

Einen Monat später, im Juni, kam dann der erste Song von *Who's Next* heraus, ein aufwühlender neuer Townshend-Song mit mächtigen Akkorden und dem Titel *Won't Get Fooled Again*. »Das ist wirklich ein seltsamer Song«, meinte Townshend. »Der erste Vers klingt wie ein Revolutionslied, der zweite klingt nach jemandem, dem das alles auf den Geist geht. Es ist ein zorniger Anti-Establishment-Song, ein Song gegen negative Menschen. Es ist auch ein Song gegen die Revolution, weil die Revolution eben nur eine Revolution ist und eine Revolution langfristig überhaupt nichts ändert, aber eine Menge Menschen unter ihr leiden müssen.«

Won't Get Fooled Again war auch der Beginn eines reineren, klareren Who-Sounds. Teilweise war dies Glyn Johns zu verdanken, in erster Linie aber Petes Arbeit am Synthesizer. Unter seinen Händen wurde der Synthesizer – dieses so oft mißbrauchte elektronische Spielzeug – zu einem eindrucksvollen Rock-Instrument, mit dem Pete für die Band das Tempo setzte und entscheidend zur Spannung des Stückes beitrug, während Rogers furchterregender Schrei am Ende des Solos so ziemlich das Grauenhafteste ist, was der Rock je gehört hat. Als Single erreichte *Won't Get Fooled Again* in England Platz 9 und in Amerika Rang 15, und live gespielt war der Song fast so aufregend wie *See Me Feel Me*.

Who's Next kam im Juli heraus. Das Warten hatte sich gelohnt. Vom außergewöhnlichen Synthesizer-Einsatz in *Baba O'Riley* bis zum schmetternden Akkord auf dem Höhepunkt der ungekürzten Version von *Won't Get Fooled Again* steuerten die Who ihren Kurs durch aufregende rhythmische Strukturen, die bis heute unübertroffen sind. Das Album enthält einige der besten Townshend-Songs wie *Song Is Over*, *Goin' Mobile* und *Behind Blue Eyes*, und John Entwistles Beitrag *My Wife*, seine bis dahin beste Komposition, entwickelte sich bald bei Live-Auftritten zu seiner persönlichen Tour de force. Auch in dieser strafferen Produktion blieb Keith Moons Schlagzeugeinsatz unbekümmert wie immer, und Rogers Gesang war – besonders auf *Behind Blue Eyes* – auf einem neuen Höhepunkt angelangt.

Bei Erscheinen des Albums begannen die Who eine zweimonatige US-Tournee, bei der sie mit *Who's Next* eine ebenso beeindruckende Life-Show boten wie mit *Tommy*. Ihre Rückkehr auf die Bühne wurde zu einem Triumphzug, vor allem in New York, wo für die beiden Vorstellungen im Forest Hills Tennis Stadium in Queens 28000 Karten verkauft wurden. Selbst strömender Regen und eine Messerstecherei konnten diese beiden Konzerte nicht beeinträchtigen. Bei einem von ihnen bot sich dem Publikum ein ungewohnter Anblick, als John Entwistle eine teure Baßgitarre der Marke Gibson Thunderbird zerschmetterte. Innerhalb von nur einer Woche konnten die New Yorker eine ganze Menge guter Musik genießen, denn nur zwei Tage später fand im Madison Square Garden George Harrisons Concert For Bangladesh statt.

Nach ihrer Rückkehr nach England gaben die Who am 18. September im Oval Cricket Ground ihr bis dahin größtes Konzert in London, als sie neben America, Lindisfarne und den Faces bei einem weiteren Benefizkonzert für Bangladesch als Hauptattraktion auftraten. An einem warmen, sonnigen Abend drängten sich mindestens 35000 Fans vor der Bühne, um die Gruppe zu sehen, die sich nun mit einiger Berechtigung als die »aufregendste Live-Band der Welt« bezeichnete. In einer mehr als zweistündigen Show brachten die Who eine Mischung aus Hits der sechziger Jahre, den Höhepunkt von *Tommy* und reichlich neuem Material aus *Who's Next*. Zum Abschluß der Show zerhackte Pete Townshend eine Gibson Les Paul, und die Menge im Oval Cricket Ground reagierte mit grenzenloser Begeisterung. Bei diesem Auftritt wurde erstmals eine neue Beleuchtungseinrichtung eingesetzt: Riesige, hinter der Gruppe angebrachte Suchscheinwerfer wurden in passenden Momenten auf das Publikum gerichtet und tauchten so die Szene in ein spektakuläres Licht.

Im Oktober gingen dann die Who auf eine Tournee durch zwölf britische Städte, die sie mit kleineren und nicht groß angekündigten Konzerten an den Universitäten von Reading und Guilford eröffneten. Diese fanden vor nur etwa jeweils 1500 Zuschauern statt und sollten als Generalproben dienen, um eventuelle Schwachpunkte der Show noch rechtzeitig ausbügeln und die Reaktion des Publikums auf die geplante Abfolge der Songs testen zu können. Trotz Pete Townshends herausragender Rolle als Sprecher und kreativer Kopf der Gruppe war es Roger Daltrey, der das Live-Programm der Who laufend überarbeitete und bestimmte, was wann gespielt wurde. In Guildford mußten Rogers Pläne entsprechend geändert werden, als sich zur Freude der ohnehin schon begeisterten Zuschauer John Sebastian als Gast von Keith Moon zu den Who auf die Bühne gesellte.

Seit den *Tommy*-Tourneen hatte sich an der Live-Show der Band einiges geändert. Roger trug sein Haar zwar nach wie vor lang und lockig, doch hatte er seinen mit Fransen besetzten Wildledermantel durch ein weniger auffälliges Baumwollhemd ersetzt, während Pete nun statt in seinem Overall in einem flotteren, cremefarbenen Outfit antrat. An seinem Hals baumelte ein Meher-Baba-Anhänger, und links von ihm standen fünf Gitarren des Typs Gibson Les Paul aufgereiht, die nach ihrem jeweiligem Zweck numeriert waren. Ebenfalls zu seiner Linken stand Bob Pridden, der wie ein Pendel über seinem immer komplexer werdenden Mischpult hin und her schwang. Als die Verstärkertechnik immer komplizierter wurde, begannen die meisten Toningenieure, ihre Arbeit mitten im Publikum zu verrichten, aber bei den Who war das anders. Pridden mußte immer in Hörweite von Pete Townshend bleiben, um die Anweisungen seines Chefs – und gelegentlich auch dessen Beschimpfungen – verstehen zu können.

Für die Aufführung von *Baba O'Riley* und *Won't Get Fooled Again* waren vorher Synthesizer-Passagen auf Band aufgenommen worden, die Pridden nun mit dem Live-Sound der Gruppe mischen mußte. Obwohl Keith Moon bei diesen Songs Kopfhörer tragen mußte, blieb die Prägnanz ihrer Musik erhalten, die mit ohrenbetäubender Klarheit aus immer größer werdenden Verstärkeranlagen drang.

Im November akzeptierten die Who mit Vergnügen die Einladung, das Rainbow Theatre in London zu eröffnen. Drei Abende hintereinander traten sie im umgebauten Finsbury Park Astoria auf. Der Schöpfer des Rainbow war kein geringerer als John Morris, der Amerikaner, dessen Überredungskünste drei Jahre zuvor zum klassischen Auftritt der Who in Woodstock geführt hatten. Den Rest des Jahres verbrachte die Band in Amerika, wo sie bei ihrem Triumphzug durch die Basketballhallen des Landes ihren Status als absolute Superstars im millionenschweren Musikzirkus ein weiteres Mal bestätigten. Abgesehen von einer kurzen Europatournee im August 1972 sollten dies die letzten Who-Konzerte für fast zwei Jahre sein.

Im Oktober kam das umfassende Sammelalbum *Meaty, Beaty, Big and Bouncy* sowie eine neue Single mit dem Titel *Let's See Action* heraus. Das Album machte mit einem Schlag alle vorausgegangenen Who-Sammelalben überflüssig und darf trotz der großen Zahl ähnlicher Retrospektiven, die im Lauf der siebziger Jahre erschienen, bis zum heutigen Tag als definitive Sammlung der Who-Singles angesehen werden. Daß es sich zudem auch noch gut verkaufte, lag wohl vor allem daran, daß die Zahl der Who-Fans seit dem ersten Erscheinen dieser Songs um ein Vielfaches angewachsen war. *Let's See Action*, die zweite der vier nicht in Alben enthaltenen Singles der frühen Siebziger, kam in den Charts auf Platz 16 und wirkte wie ein aufrüttelnder Schrei aus Pete Townshends Innerem. Doch worauf zielte er ab?

Getrennte Wege

In jedem Teilbereich des Showgeschäfts gilt die Faustregel, daß ein Künstler um so weniger in der Öffentlichkeit auftritt, je berühmter er ist. In dieser Hinsicht waren die Who nicht anders als Marlene Dietrich und Elvis Presley. 1972 und während eines großen Teils von 1973 verschwanden sie fast völlig von der Bildfläche und legten eine zweite – diesmal sogar noch längere – schöpferische Pause ihrer Karriere ein. In dieser Zeit existierten sie als Gruppe praktisch nicht mehr, was das Aufkommen von Gerüchten begünstigte, sie seien kurz davor, sich aufzulösen. Die Who brachten 1972 ganze zwei Singles heraus, von denen eine nicht einmal in die Top 20 kam. Gleichzeitig konzentrierten sich die Mitglieder der Gruppe stärker auf ihre Solokarrieren und privaten Aktivitäten.

Im Februar und März unternahm Pete Townshend eine Pilgerfahrt nach Indien, um das Grab von Meher Baba zu besuchen und mit denen Kontakt aufzunehmen, die ihn gekannt hatten oder sich zu seiner Philosophie hingezogen fühlten. »An Babas Grab fühlte ich mich so klein wie ein Staubkorn«, sagte er. »Plötzlich sah ich alles in den richtigen Proportionen. Es hat nur drei Sekunden gedauert, aber seither sehne ich mich nach diesem Zustand der Erregung und gleichzeitig des absoluten inneren Friedens zurück. Dort läuft ein richtiges Ritual ab, wenn alle seine Jünger um sein Grab versammelt sind und *Begin The Beguine*, einen von Babas Lieblingssongs, intonieren. Das hat mich total fertiggemacht, und danach war ich nur noch am Heulen.«

Obwohl er inzwischen sehr von der Lehre Babas beeinflußt war, tendierte Pete im Gegensatz zu anderen Anhängern östlicher Religionen nicht dazu, seine Mitmenschen bekehren zu wollen. Zwar schrieb er für ROLLING STONE einen Artikel über Baba und trat sogar bei religionsbezogenen Sendungen im Fernsehen auf, doch sprach er von Baba immer sehr sachlich und versuchte nie, anderen seine Glaubensvorstellungen aufzuzwingen, wofür er sich – nicht nur bei Rock-Fans – auf intellektueller Ebene großen Respekt erwarb. »Es ist schon merkwürdig, zu einer solchen Gruppe zu gehören und zu merken, daß man auf einer ganz anderen

Stufe der geistigen Entwicklung steht als die anderen«, erklärte er. »In körperlicher Hinsicht sind wir sehr ähnlich, wir tun uns dieselben Dinge an und machen gern zusammen Musik, aber wir haben völlig unterschiedliche Weltanschauungen. Jedes Mitglied der Who findet die Lebensweise der anderen drei total bescheuert, mischt sich aber nicht in ihre Angelegenheiten. Man könnte also sagen, daß mein mystischer Glaube toleriert wird.«

Während Pete sich in Indien aufhielt, bastelte Roger an seinem Haus herum; John begann mit der Arbeit an seinem zweiten Soloalbum, und Keith trieb wie immer seine Späßchen. »Wenn ich mir Gedanken darüber machen würde«, meinte Keith, »warum ich anderen Menschen nie wirklich nahekomme, müßte ich wohl zu dem Schluß kommen, daß ich im Grunde einsam bin und nur auf einer sehr oberflächlichen Ebene kommunizieren kann. Aber ich fühle mich wohl so und genieße mein aufregendes Leben.«

Während The Who auf Eis gelegt wurde, trat Keith zunächst in einem Outfit aus Goldlamé als Gast von Sha Na Na bei dessen Konzert in New York auf. Anschließend erwarb er einen Anteil an einem Hotel in der Nähe von Oxford, das ihn aber bald schon ebensowenig interessierte wie die unzähligen Spielzeuge, die um sein Haus herumstanden. 1972 kam es dann zu einer der bis dahin verrücktesten Eskapaden von Keith: dem Auftritt als Hitler zusammen mit Vivian Stanshall. Eigentlich begann alles als Foto-Session für die von Moon produzierte Steinshall-Version von *Suspicion*, doch dann wurde daraus der bekannteste Gag, den Moon je veranstaltet hat.

»Es machte mir schon immer Spaß, die Reaktion der Öffentlichkeit auf bestimmte Dinge zu testen, und im Verlauf meiner Freundschaft mit Keith sind diese Tests immer weiter ausgebaut worden«, erzählt Stanshall. »Wir hatten diese geliehenen deutschen Uniformen an und wären dafür in Kit Lamberts Büro bei Track fast verprügelt worden. Dann beschlossen wir, einen Bierkeller am Soho Square aufzusuchen. Keith war wie der Führer aufgemacht, aber der Geschäftsführer wollte uns trotzdem bedienen, wenn wir uns nur in eine Ecke abseits der anderen Gäste setzten. Anschließend sind wir noch in einen anderen Bierkeller gegangen, wo wir einen wahren Aufstand ausgelöst haben. Der Barkeeper trug Keith die Treppe hinauf und warf ihn raus. Im Speakeasy haben wir uns dann der Band auf der Bühne angeschlossen, aber Leute aus dem Publikum griffen uns mit einem Feuerlöscher an. Daß wir allerdings in diesem Aufzug in Golders Green gewesen sein sollen, wie die Presse behauptet hat, daran kann ich mich nicht mehr erinnern.«

Moon und Stanshall waren noch in weitere Vorfälle verwickelt, bei denen sie die Reaktion der Leute auf außergewöhnliche Vorfälle testen wollten. »Einmal verkleidete ich mich als Pfarrer und täuschte in der Oxford Street einen Herzanfall vor. Keith bat Passanten, mir zu helfen, aber kein Schwein kümmerte sich um mich. Ein anderes Mal haben wir in Wembley mitten auf dem Bürgersteig ein Zelt aufgebaut, mit Grill und allem, was dazugehört, als wollten wir dort die Nacht verbringen. Keiner schien uns zu bemerken.

Er wollte wie ich Schauspieler sein, und ich wäre immer gern Drummer gewesen. Es schien ihn immer zu ärgern, daß die Leute sein Spiel nicht ernst nahmen. Er war unwahrscheinlich großzügig... wenn ich gerade mal knapp bei Kasse war, wollte er mir immer unbedingt ein paar Tausender aufdrängen, damit ich aus den Miesen kam, aber ich habe das nie angenommen.«

Wie sein Freund Ringo Starr wollte Keith sein Talent als Komiker im Film ausprobieren und spielte zunächst eine Nebenrolle in Frank Zappas verschrobenem Streifen »200 Motels«. Eine bessere Rolle bot sich ihm im November, als Keith auf die Isle of Wight eingeladen wurde, um in »That'll Be The Day« mit David Essex und Ringo Starr als Hauptdarsteller aufzutreten. Keith spielte den Drummer J. D. Clover in einer Gruppe mit Billy Fury als Frontman und konnte sowohl humoristisch als auch musikalisch überzeugen. In seinem tiefsten Innern jedoch fieberte er danach, wieder mit den Who auf Tournee zu gehen, und die lange Konzertpause der Gruppe frustrierte ihn so sehr, daß seine Ehe mit Kim immer mehr ins Wanken geriet.

Who Came First

Nach seiner Rückkehr aus Indien begann Pete ernsthaft mit der Arbeit an einem Soloalbum, das in jeder Hinsicht Meher Baba gewidmet war. Im Februar 1970 hatte Pete schon einmal 1500 Exemplare eines ähnlich motivierten Albums mit dem Titel *Happy Birthday* pressen lassen, das privat an Baba-Anhänger verteilt wurde, von dem aber in Amerika Raubkopien hergestellt und zu einem völlig überzogenen Preis unter dem Ladentisch verkauft worden waren. Das Album enthielt auch Songs anderer Bewunderer von Baba (wie Ronnie Lane von den Faces) und kam in einem Doppelcover mit einem vierzehnseitigen Heftchen heraus, das Zeich-

Pete Townshend 1973 im Londoner Rainbow Theatre, mit Ron Wood und Eric Clapton.

nungen, Gedichte und Essays über Baba enthielt. Der gesamte Gewinn kam der Baba-Stiftung zugute, doch dann schlugen die Raubkopierer zu, was American Decca, mit denen Pete unter Vertrag stand, gar nicht gefiel.

»Die Plattenfirma war aber sehr verständnisvoll«, berichtete Pete. »Sie forderten mich lediglich auf, die LP auf normalen Wegen herauszubringen. Sie wollten 25000 Exemplare davon verkaufen und boten mir einen Dollar pro Album für Baba an, was wirklich sehr großzügig war. Da dachte ich mir, wenn ich es in dieser Größenordnung angehe, kann ich auch gleich ein völlig neues Album machen.«

Who Came First wurde in Petes Heimstudio in Twickenham, das er Eel Pie Sound taufte, aufgenommen, und war stark religiös angehaucht. Vier Songs davon waren Originale von Townshend, zwei von Pete vertonte Gebete von Baba, zwei andere stammten von weiteren Baba-Jüngern, und vervollständigt wurde die Platte durch Babas zweiten Lieblingssong *There's A Heartache Following Me* von Jim Reeves. Verglichen mit Who-Alben klang der Sound reichlich dünn, und Petes nasaler Stimme fehlte die Emotionalität von Roger Daltrey. Trotzdem war die Platte sehr aufrichtig und verkaufte sich dank Petes Bekanntheitsgrad recht gut, als sie im Oktober herauskam.

Im Juni wurde die neue Who-Single *Join Together* veröffentlicht, die bereits für das »Lifehouse«-Projekt vorgesehen gewesen war. Die B-Seite war eine Live-Version des alten Holland/Dozier/Holland-Songs *Baby Don't You Do It*, die 1971 ins Live-Programm der Band aufgenommen worden war. Im Vorjahr hatte man schon verschiedene Konzerte mitgeschnitten, aus denen ein zweites Live-Album gemacht werden sollte, doch wegen der unvermeidlichen Ähnlichkeit einer solchen LP mit *Live At Leeds* wurde der Plan aufgegeben. Dieses Stück jedoch überlebte und kam zusammen mit *Join Together* auf Platz 9 in den Charts.

In den August und den September fielen die sporadischen Termine einer längst überfälligen Europatournee, die den Gerüchten, die Who hätten sich getrennt, ein Ende setzten. In Deutschland, Frankreich, Italien, den Niederlanden, Belgien, Dänemark und sogar Österreich durften Who-Fans nun die gleiche Live-Show erleben, die England und Amerika schon im Vorjahr gesehen hatten. Die Tournee war recht gemütlich, denn die Gruppe hielt sich die meiste Zeit in England auf, flog nur an den Tagen ihrer Auftritte auf das Festland und kehrte am Morgen darauf zurück, um dann zwei oder drei Tage später zu einem weiteren Konzert in einer anderen Stadt zu fliegen. Auf diese Weise konnte nie die Atmosphäre einer normalen Tournee aufkommen.

Tommys neue Kleider

Im Oktober konkurrierte Petes Soloalbum in den Charts mit einer neuen Aufnahme von *Tommy* durch das London Symphony Orchestra und den Kammerchor mit Gastsolisten. Darunter waren auch Roger Daltrey, Pete Townshend und John Entwistle, die sich einverstanden erklärt hatten, mit dem Produzenten Lou Reizner bei der ersten Wiederbelebung von Petes Rock-Oper zusammenzuarbeiten. Bei den Sessions in den Olympic Studios in Barnes schlossen sich den drei Mitgliedern der Who noch Rod Stewart, Ringo Starr, Richard Harris, Sandy Denny und Steve Winwood an. Heraus kam ein recht schwerfälliges, aber großartig aufgemachtes Album, das für Ode Records zu einem Bestseller wurde. Die meisten Musiker sowie die komplette Formation der Who nahmen an zwei Wohltätigkeitsaufführungen der Orchesterversion von *Tommy* im Londoner Rainbow Theatre am 9. Dezember teil. Aus diesen Konzerten erwuchsen in den kommenden Jahren noch weitere ähnliche Aufführungen von *Tommy*, bei denen die Who selbst jedoch nicht mehr dabei waren. Die Oper entwickelte nun ein Eigenleben und wurde drei Jahre lang von Jugendgruppen, Schulen, Chören, skrupellosen Profitmachern, Berufsmusikern und sogar Ballettensembles in allen Teilen des Globus aufgeführt.

»Mir gefiel die Platte von Lou Reizner«, meinte Townshend. »Sie war eine gute Umsetzung meines ursprünglichen Konzepts für *Rael*. Endlich konnte ich eine Aufführung einer meiner Kompositionen durch ein großes Orchester hören. Später aber, vor allem nach meiner Teilnahme an den Live-Vorführungen, bekam ich die Sache schnell satt. Auf einmal schien mir das Ganze doch ziemlich blaß, obwohl die Orchesterversion manches hatte, was dem Original fehlte, und *Tommy* einem ganz neuen Publikum nahebrachte.«

Whistle Rhymes, John Entwistles zweites Soloalbum, kam im November auf den Markt und wurde wie das erste recht positiv aufgenommen. An der Platte wirkten Alan Ross, Peter Frampton, Neil Sheppard, Rod Coombes und John Weider mit.

Im selben Monat kam die letzte der vier Who-Singles heraus, die nicht aus Alben ausgekoppelt wurden. *Relay* kam – nicht zuletzt aufgrund mangelnder Werbung für die Platte – in den Charts jedoch über Platz 21 nicht hinaus.

Im Januar 1973 stand Pete mit einer eigens zu diesem Anlaß zusammengestellten Band auf der Bühne des Rainbow Theatre, um Eric Clapton bei dessen Comeback-Konzert zu unterstützen. Der Einsiedler Clapton hatte kurz zuvor öffentlich eingestanden, heroinabhängig zu sein, und Pete, wie immer der gute Samariter, hatte Eric dabei geholfen, von seiner Sucht loszukommen und sich wieder der Musik zu widmen. An der Seite von Steve Winwood, Ric Grech, Ron Wood, Jimmy Karstein, Rebop und Jim Capaldi schruppte Pete auf einer riesigen Gitarre des Typs Gretsch White Falcon seine rhythmischen Akkorde herunter. Unter der Leitung von Pete probte die Band eine Woche lang zusammen und gab anschließend zwei Konzerte. So entstand zwischen Clapton und Townshend eine Freundschaft, die in der nahen Zukunft noch zu weiteren gemeinsamen Unternehmungen führen sollte.

Roger wird aktiv

1972 war Roger von allen Mitgliedern der Who am wenigsten in Erscheinung getreten. Schon durch die räumliche Distanz dem Rest der Gruppe entfremdet, hatte er das Studio in seiner Scheune auch anderen Künstlern zugänglich gemacht. Einer der ersten war Leo Sayer, ein von Adam Faith gemanagter Sänger und Songschreiber. Der Erfolg von Sayers Debüt-Album und die Freundschaft, die sich zwischen Roger und Adam Faith entwickelte, führten unmittelbar zu Rogers eigenem Solo-Debüt. Mit denselben Session-Musikern wie Sayer (Russ Ballard, Dave Courtney, Bob Henrit, Dave Wintour und Dave Arbus) nahm Roger im Frühjahr 1973 eine Reihe von Songs auf, die Sayer und Courtney geschrieben hatten. Belohnt wurden seine Bemühungen, als dann im Mai *Giving It All Away* zum Single-Hit avancierte.

Die von Adam Faith produzierte LP *Daltrey* kam im April heraus und enthüllte die sanfte, fast volkstümliche Seite des ansonsten so unberechenbaren Leadsängers. »Es gibt gewisse Songs, die ich gern in der Dusche singe«, gestand Roger der Zeitschrift CIRCUS, »und das sind meistens keine Who-Songs.«

Mit gleicher Vehemenz beschäftigte sich Roger hinter den Kulissen mit der wirtschaftlichen Situation der Gruppe. Seit Mitte 1973 agierten Kit Lambert und Chris Stamp praktisch nicht mehr als Manager der Band, und somit sah Roger keinen Grund, warum sie von den Einkünften der Who auch weiterhin einen Teil abbekommen sollten. Pete Townshend dagegen vertrat die Ansicht, daß beide aufgrund der wichtigen Rolle, die sie beim Durchbruch der Who in den Sechzigern gespielt hatten, auch weiterhin einen gewissen Anteil am Gewinn der Gruppe verdienten.

Die Sache wurde noch dadurch kompliziert, daß Pete Rudge plötzlich merkte, daß im Endeffekt er die Who managte und somit ebenfalls Anspruch auf einen nicht unerheblichen Teil des Profits hatte. Als ihm dies zugestanden wurde, zog Rudge nach New York und gründete dort eine neue Firma mit dem Namen Sir Productions, die von nun an alle geschäftlichen Angelegenheiten der Who in Amerika regeln sollte. Rudge galt inzwischen als einer der besten Tourneemanager in der Branche und hatte auf Townshends Empfehlung hin von Mick Jagger das Angebot erhalten, die US-Tournee der Stones von 1972 zu organisieren. Er nahm diesen schwierigen, aber lukrativen Auftrag an, erklärte jedoch öffentlich, daß er auch weiterhin immer in erster Linie für die Who arbeiten würde.

In London jedoch schickte sich noch jemand anders an, ins Rennen um den Titel des Managers der Who einzugreifen. Bill Curbishley, ein untersetzter, realistischer »East Ender« und Schulfreund von Chris Stamp, war innerhalb der Hierarchie von Track Records im Lauf der Zeit in eine verantwortliche und führende Position aufgestiegen.

Das damit verbundene Intrigenspiel war in Wirklichkeit natürlich etwas komplizierter und zog sich noch über zwei Jahre hin, bis die Sache endlich vor Gericht geregelt wurde.

»Ich bin nicht geldgeil«, verteidigte sich Roger Daltrey, »aber außer mir kümmerte sich doch kein Schwein ums Geschäft. Ich könnte mir auch was Schöneres vorstellen, aber einer muß ja die Augen offenhalten. Ich hab' schon so oft erlebt, wie Gruppen von ihren Managern verarscht wurden, und werde dafür sorgen, daß den Who das nicht passiert.«

»Ich weiß, Roger macht sich ständig über unsere finanzielle Lage Gedanken«, bestätigte Pete. »Das kommt wahrscheinlich daher, daß er nachts nicht mehr schlafen kann, wenn er nicht ganz genau weiß, was wir verdienen. Er hat eben nie Geld so ausgegeben wie Keith und ich, und das ist wahrscheinlich auch der Grund, warum es uns verdammt wenig kümmert, wieviel wir einnehmen. Wir geben aus, was wir ausgeben wollen, und fragen erst hinterher, wie es auf dem Konto aussieht. Ich bin durch mein zusätzliches Einkommen als Songschreiber nie in die roten Zahlen gekommen, aber Keith ist durch seine wahnsinnigen Ausgaben schon öfter in die Miesen gerutscht. Aber wenn's hart auf hart kommt, brauchen wir schließlich nur ein paar weitere Tourneen zu machen . . .«

Roger schlägt zu

John Entwistles erstaunliche Produktivität führte im Juni 1973 zum Erscheinen seines dritten Solo-Albums. In *Rigor Mortis Sets In* griff er auf den altmodischen Rock'n'Roll zurück, der ihn 1962 dazu gebracht hatte, sein Waldhorn gegen eine Fender-Baßgitarre einzutauschen und sich den Detours anzuschließen. Durch die Vermischung von Rock-Klassikern wie *Hound Dog* und *Lucille* mit seinem eigenen Material (einschließlich einer Aufnahme von *My Wife*) schuf John sein bis dahin bestes Album, auch wenn einige der Originale, nämlich *Do The Dangle* und *Peg Leg Peggy*, vom Text her Geschmackssache waren. Zum Erscheinen des Albums ließ John in einem japanischen Restaurant in Soho eine flotte Party organisieren, aber da das Album keinen Single-Hit enthielt, blieben die Verkaufszahlen hinter denen von Petes und Rogers Solo-Alben zurück.

Wie Keith konnte es auch Roger kaum erwarten, wieder mit den Who auf Tournee zu gehen. »Immer nur im Studio zu spielen, befriedigt mich nicht«, gestand er. »Auf der Bühne spiele ich viel besser. Ich gebe gern Konzerte. Wenn mir Who dazu keine Gelegenheit mehr gibt, werde ich andere Wege finden, vor Publikum aufzutreten. Außerdem sind wir hauptsächlich wegen unserer Live-Qualitäten nach so langer Zeit immer noch zusammen.«

Das erkannte auch Pete Townshend, als er beschloß, seine Solo-Pläne vorerst ruhen zu lassen und sich statt dessen Gedanken über das Konzept des nächsten Who-Albums zu machen, das sich um das Leben und die Frustrationen eines gewissen Jimmy the Mod drehen sollte. *Quadrophenia* war Petes Tribut an jene Fans, die schon die Anfänge der Who erlebt hatten. Das breit angelegte Doppelalbum erzählte Jimmys Geschichte und stellte die vier Seiten seiner »quadrophonischen« Persönlichkeit heraus. Jedes Mitglied der Who sollte einen dieser Aspekte verkörpern: Roger das Rauhbein, John den Romantiker, Keith den Wahnsinnigen und Pete den Scheinheiligen. Und selbstverständlich sollte das Album in Quadrophonie aufgenommen werden.

Das Konzept von *Quadrophenia* hatte Pete im Jahr davor entwickelt, nachdem er die beiden Songs *Love, Reign O'er Me* und *Is It In My Head* ohne bestimmte Leitidee geschrieben hatte. Im Sommer 1973 ging er dann mit den Who in die von ihnen erst kürzlich erworbenen Ramport Studios in Battersea, um fünfzehn weitere Songs aufzunehmen. Die Sessions liefen jedoch nicht ohne Probleme ab, weil einerseits die Bauarbeiten im Studio noch nicht abgeschlossen waren und andererseits Keith immer mehr dem Alkohol verfiel. Das Hauptproblem war jedoch die Fehde zwischen Roger und Pete, die gleich mehrere Ursachen hatte.

Roger, der immer noch über die Probleme mit dem Management nachdachte, war keineswegs glücklich über den Charakter, den er in *Quadrophenia* darstellen sollte, und auch vom Ausmaß der Synthesizer-Passagen, die in die Platte eingehen sollten, war er wenig angetan. Pete dagegen war sauer auf Rogers vermeintlichen Mangel an Dankbarkeit für die Arbeit, die er, Pete, im Interesse und zum Nutzen der Gruppe geleistet hatte. Am Ende flogen die Fäuste.

»Das war wirklich nicht nötig«, meinte Daltrey später gegenüber dem NEW MUSICAL EXPRESS. »Eine Schlägerei mit Pete war das letzte, worauf ich aus war. Blöderweise hat er angefangen und mir seine Gitarre drübergezogen. Ich habe danach sehr bereut, was passiert ist, aber was soll man da machen? Pete sollte sich besser nicht mit mir prügeln. Aber als er da von zwei Roadies zurückgehalten wurde und mich angespuckt und ein dreckiges kleines Arschloch genannt und mich dann auch noch mit seiner Gitarre geschlagen hat, bin ich verdammt wütend geworden. Ich mußte ihm einfach eine verpassen, aber es war wirklich nur eine.«

Wie schon oft in der Vergangenheit klärte der Gewaltausbruch die Atmosphäre, und die Sessions gingen ohne neue Zwischenfälle weiter. Dennoch blieben Rogers Gefühle dem Album gegenüber gespalten: »Wir ertrinken im Synthesizer«, meinte er später. »Die Who kriegt man nie soweit, daß sie wie Maschinen spielen. Wir sind doch keine Roboter. Wenn wir andere Musiker dazunehmen, sind wir nicht mehr die Who. Wir haben alle anderen überlebt, weil die Kids die Who sehen wollen, genau diese vier Leute. Unser Publikum würde es sich nie bieten lassen, wenn die Who wie Pink Floyd mit einer riesigen Light-Show ankämen und dann wie vier Tote auf der Bühne stehen und einfach nur gut klingen würden.«

Tournee mit Pannen

Nachdem im November 1973 *Quadrophenia* erschienen war, hatten die Who endlich wieder genügend neues Material für ihre Live-Shows. Gerade diese Live-Auftritte hatten in der Vergangenheit immer wie eine Art Therapie auf die vier eigensinnigen Charaktere gewirkt und die Gruppe zusammengehalten, doch die nun folgende Tournee verlief nicht harmonischer als die Studioaufnahmen.

Das Album selbst war sowohl kommerziell wie künstlerisch erfolgreich. Schon die Aufmachung – mit einem 36-seitigen Buch mit Fotos, die Jimmys Reise durch das Mod-Land dokumentierten – war großartig, und die eindringliche Musik enthielt viele symphonische Elemente. Ein Song mit dem Titel *5.15*, der auch als Single herauskam, stand selbst hinter den besten Rock-Titeln der Who nicht zurück, während *The Punk Meets The Godfather* mit einem von Pete Townshend gesungenen prophetischen Refrain schloß, der zu den eindrucksvollsten Passagen gehört, die er je geschrieben hat. In einem fröhlichen Song mit dem Titel *Bellboy* durfte Keith Moon seine zweifelhaften stimmlichen Fähigkeiten demonstrieren, und die miteinander verflochtenen musikalischen Themen litten kein bißchen unter der Entscheidung der Who, das Album nun doch nicht in Quadrophonie aufzunehmen. »Die Who klingen inzwischen wie ein ganzes Orchester«, schrieb Chris Welch im MELODY MAKER, und tatsächlich bewirkte die Bandbreite der Instrumentierung, ob sie nun elektronisch oder mit Hilfe von Petes Blechinstrumenten erzeugt worden war, einen so deutlich satteren Sound, daß die Who darin kaum wiederzuerkennen waren. Eine Live-Aufführung dieses Materials erforderte natürlich eine Menge Bandaufnahmen für das Playback, und darin lag bereits die Ursache künftiger Probleme.

Die erste Tournee begann am 28. Oktober mit einem Konzert in Stoke-on-Trent und führte dann über die Civic Hall von Wolverhampton und das Belle Vue in Manchester zur City Hall von Newcastle, wo die Who drei Abende hintereinander auftraten. Hier passierte es zum erstenmal, daß die Bänder nicht funktionierten: Pete verlor die Beherrschung, zerrte den weitgehend unschuldigen Bob Pridden auf die Bühne und demütigte den glücklosen Toningenieur vor den Augen des Publikums. Als nach kurzer Verzögerung die Gruppe auf die Bühne zurückkehrte, hatte sie *Quadrophenia* für diesen Abend abgeschrieben und spielte ersatzweise älteres Material. Auch in London gab es eine Unterbrechung, als im Lyceum Ballroom zwanzig Zuschauer nach den ersten drei Songs in Ohnmacht fielen. Das Lyceum war für die drei Londoner Konzerte eine höchst unglückliche Wahl: Für nur 9000 Eintrittskarten hatten 20000 Menschen angestanden, und Gruppe wie Manager hatten voraussehen müssen, daß unter diesen Umständen ein furchtbares Gedränge unvermeidlich war.

Ihre erste US-Tournee seit zwei Jahren eröffneten die Who im Cow Palace in San Francisco, doch noch immer war der Wurm drin. Keith Moon brach auf der Bühne zusammen, und ein Drummer aus dem Publikum mußte für den Rest des Abends seinen Part übernehmen. Während der ersten Stunde der Show hatte Moon noch halbwegs fit gewirkt, doch mitten in *Won't Get Fooled Again* sackte er über seinem Schlagzeug zusammen und mußte medizinisch behandelt werden. Etwa fünfzehn Minuten später ging das Konzert weiter, doch als Moon ein zweites Mal zusammenbrach, bot Townshend den freien Platz hinter dem Schlagzeug jedem Zuschauer an, der sich der Aufgabe gewachsen fühlte.

»Hey, kann einer von euch Schlagzeug spielen?« brüllte er ins Mikrophon. »Jemand, der gut ist, meine ich.«

Als Ersatz für Moon bot sich der neunzehnjährige Scott Halpin aus Muscatine in Iowa an. Nachdem zwei Roadies ihn auf die Bühne geschoben hatten, stellte Townshend ihn vor und erklärte ihm, welchen Takt er schlagen sollte. Mit seiner Hilfe (und der deutlich lauter aufgedrehten Baßgitarre Johns) beendeten die Who mit *Naked Eye*, *Magic Bus* und *My Generation* ihr Programm.

»Das ging alles so schnell«, erzählte Halpin dem ROLLING STONE anschließend, »daß ich gar keine Zeit hatte, nervös zu werden. Das meiste war sowieso Viervierteltakt und nur ein bißchen Sechsachteltakt. Es war leicht mitzukommen, weil Pete das Ende eines Songs mit einem Sprung signalisiert.

Ich bewundere wirklich ihre Kondition«, fügte er hinzu. »Ich war nach drei Stücken schon fix und fertig.«

Keith Moon hatte, wie sich herausstellte, versehentlich in der Garderobe von einem Drink genippt, der mit einer so starken Dosis eines Beruhigungsmittels versetzt war, daß er selbst wütende Elefanten besänftigt hätte.

Der nächste ungewöhnliche Vorfall auf Tournee ereignete sich am 2. Dezember in Montreal, als die Who und ihre Mannschaft eine besonders gelungene Vorstellung, die an die Vitalität früherer Tourneen anknüpfte, dadurch feierten, daß sie eine von einem Vertreter ihrer Plattenfirma bewohnte Suite des Hotels Bonadventure auseinandernahmen. Diesmal gaben sich die Besitzer des Hotels nicht mit Entschuldigungen und dem Versprechen, den Schaden zu bezahlen, zufrieden, sondern riefen die Polizei. Anschließend verbrach-

te die gesamte Truppe eine ungemütliche Nacht auf der Wache: Pete und Roger sowie Keith und John teilten sich je eine Zelle, und vierzehn Mitglieder der Mannschaft einschließlich Bob Pridden, John Wolff und Peter Rudge mußten abwarten, bis Anwälte mit einer Bürgschaft über 3000 Dollar erschienen, mit der sich das Hotelmanagement zufriedengab. »Die gesamte Suite war restlos zerstört«, klagte der verstimmte Hotelier.

Am 7. Dezember kehrte die Gruppe nach England zurück und gab anschließend in London im Edmonton Sundown vier Weihnachtsvorstellungen von *Quadrophenia*. Im Februar 1974 spielten sie in sechs französischen Städten die gleiche Show, doch hatte Pete Townshend inzwischen eingesehen, daß die Spontaneität der Gruppe unter der Abhängigkeit von den Tonbandpassagen litt. Schon in Amerika hatte es Probleme gegeben, weil die dortigen Zuhörer keine Mods kannten und somit auch nicht wissen konnten, welche Rolle sie in der Geschichte der Who spielten. Aus diesem Grund war es auf der Bühne zu Meinungsverschiedenheiten zwischen Pete und Roger gekommen. Während letzterer es für notwendig gehalten hatte, zwischen den Songs die Story kurz zu erläutern, wollte Pete das Programm einfach durchziehen. Die Kontinuität der Who-Konzerte wurde durch solche öffentlichen Auseinandersetzungen natürlich nicht gerade gefördert.

»Roger und ich sind unterschiedlicher Meinung über *Quadrophenia*«, erklärte Pete. »Ich finde die Geschichte nicht so kompliziert, daß sie erklärt werden müßte. Ein Junge sitzt auf einem Felsen und führt sich die Ereignisse der vergangenen Tage vor Augen. Ich finde, wenn man die Geschichte zu ausführlich erklärt, wird die Musik zu sehr in den Hintergrund gedrängt. Schließlich ist die Story nur ein Aufhänger für bestimmte musikalische Ideen und darf nicht zu wörtlich genommen werden.«

»Wir haben *Quadrophenia* so gebracht«, meinte Roger, »daß für die Kids nichts mehr zum Nachdenken übrigblieb, weil für sie gedacht wurde.«

Als die Frankreich-Tournee am 24. Februar in Lyon zu Ende ging, wurden die Hintergrundbänder für *Quadrophenia* endgültig ad acta gelegt, und Bob Pridden atmete erleichtert auf. Alle sahen nun ein, daß diese Musik einfach zu komplex war, um sie vollständig auf die Bühne zu bringen, daß die technische Seite dabei zu viele Probleme aufwarf und deshalb *Jimmy the Mod* im künftigen Live-Programm der Who auch nicht annähernd die Rolle spielen würde, die *Tommy* vorher gespielt hatte. Nur *5.15* und gelegentlich *The Punk Meets The Godfather* tauchten noch ab und zu bei späteren Shows auf.

Tommy auf Film

Die Entscheidung, *Tommy* zu verfilmen, war im Prinzip schon drei Jahre zuvor gefallen, als Townshends Rock-Oper noch aktuell war. Die praktischen Details jedoch waren nicht so leicht zu lösen. Obwohl natürlich die Begeisterung aller Beteiligten aufgrund der ständigen Verzögerungen allmählich nachgelassen hatte, war nun der Weg frei, und die Saga vom blinden und taubstummen Jungen konnte in ein neues Stadium eintreten.

Das Angebot, *Tommy* zu verfilmen, war von Universal Pictures zunächst begeistert aufgenommen worden. Die Schwesterfirma von MCA Records hatte erst kurz zuvor durch die Übernahme von American Decca den Plattenvertrag mit den Who erworben. Universal wollte den Film machen, doch rückte die Firma die dafür benötigten Mittel nicht heraus, weil sie mit dem Drehbuch und den Vorstellungen von Kit Lambert nichts anfangen konnte. Die sich daraus ergebende Verzögerung von fast zwei Jahren stellte sich als der letzte Strohhalm heraus, an dem Lamberts Verbindung zu den Who noch hing.

1973 nahm man dann mit unabhängigen Produzenten und Regisseuren Kontakt auf, und schließlich willigte Robert Stigwood ein, den Who bei der Verwirklichung des Films zu helfen. Der rotblonde australische Impresario war sehr erfolgreich gewesen, seit er als Agent der Who bei deren Auseinandersetzung mit Shel Talmy das Reaction-Label gegründet hatte: 1974 war er auf dem besten Weg, durch seine Aktivitäten im Management, in der Platten- und Filmproduktion sowie bei der Organisation von Konzerten zu einem der wohlhabendsten Mogule der Musikindustrie aufzusteigen. Mit Stigwoods Hilfe gelang es, Ken Russell als Regisseur zu engagieren, und Columbia Pictures erklärte sich einverstanden, gemeinsam mit Stigwood selbst das Projekt zu finanzieren.

Nach längeren Diskussionen mit Townshend legte Russell ein neues Drehbuch vor, das auch den kommerziellen Interessen der beteiligten Parteien entsprach, während Stigwood in die traditionelle Rolle des Produzenten schlüpfte und ein riesiges Aufgebot an Stars verpflichtete. Neben den Who sollten auch Ann-Margret, Oliver Reed, Elton John, Eric Clapton und Tina Turner mitwirken, und man beschloß, auf Dialoge völlig zu verzichten; statt dessen sollte Pete alles noch einmal aufnehmen, wo nötig etwas hinzufügen und die einzelnen Künstler ihre jeweilige Rolle singen lassen.

Vor und nach der *Quadrophenia*-Tournee durch Frankreich war Pete in seinem Heimstudio und in Ramport damit beschäftigt, *Tommy* mit den Who und weiteren Musikern neu aufzunehmen. Elton John brachte für die Aufnahme seiner Version von *Pinball Wizard* seine eigene Band mit, und darüber hinaus waren auch Eric Clapton, Ron Wood, Kenny Jones, Chris Stainton und Mick Ralphs an den Sessions beteiligt. Als der Soundtrack fertig war, zog das Filmteam nach Portsmouth und Southsea, wo *Tommys* Wiedergeburt inszeniert werden sollte. Die Kosten dieses Unternehmens, die größtenteils von Stigwood getragen wurden, beliefen sich auf 3 500 000 Dollar.

Die Aufnahmen begannen am 22. April, zehn Tage nach Petes erstem Soloauftritt auf der Bühne des Roundhouse in Camden Town. Die Show war eine Wohltätigkeitsveranstaltung, deren Erlös zum Kauf eines Autos für das Camden Square Community Play Centre verwendet werden sollte, und mit Hilfe von sechs Gitarren, Spezialeffekten und Hintergrundbändern zog Pete sich achtbar aus der Affäre. »I'm so nervous, I'm sure it shows. ... Don't say anything 'bout my great big nose«, sang er in einer abgeänderten Version von *Magic Bus*, doch sein Solo-Auftritt war nur ein vergleichsweise unbedeutender Triumph zu einer Zeit, als Pete sich über den *Tommy*-Film, über die Zukunft der Who und seinen eigenen Beitrag zu beiden den Kopf zerbrechen mußte.

Petes Dilemma

Während der nächsten beiden Monate sollten sich Petes Ängste noch vervielfachen. Am 18. Mai legten die Who in ihrer Filmarbeit eine Pause ein, um bei strömendem Regen vor 50 000 Zuschauern im Charlton Athletic Football Ground in London als Hauptattraktion eines Konzerts aufzutreten, bei dem auch Lou Reed, Humble Pie, Bad Company, Lindisfarne und Maggie Bell spielten. Das Konzert war nicht überragend. Obwohl die Fans sich für die Gruppe begeisterten, war Pete Townshend über die Vorstellung der Who alles andere als glücklich, und daß die Fans die mittelmäßige Show so kritiklos hinnahmen, machte ihm eher Sorgen, als daß es ihn beruhigt hätte. Doch es sollte noch schlimmer kommen.

Eine weitere Pause von der Filmarbeit legte die Band in der zweiten Juniwoche ein, um im Madison Square Garden vier Konzerte zu geben. Nur wenige Stunden nach einer Ankündigung im Rundfunk waren alle 80 000 Tickets verkauft, und die Konzerte galten als Höhepunkt der sommerlichen Rocksaison. Abend für Abend wurden die Who mit stehenden Ovationen begrüßt, wenn sie auf die Bühne kamen und ihre Show mit *I Can't Explain* eröffneten, doch die Spontaneität der Who-Auftritte ging in der riesigen Halle unter, und trotz der unkritischen Reaktion des Publikums wurde die Band immer unzufriedener.

Infolge technischer Probleme hatte Roger bei einer Show einen Wutanfall, und in der Garderobe kam es jeden Abend zu heftigen Diskussionen. Ein weiteres Mal wurde alles auf den unschuldigen Bob Pridden abgeladen. Und daß Pete während ihres Aufenthalts im Hotel Pierre seine Probleme in Alkohol zu ertränken versuchte, machte die Sache nicht gerade einfacher. Grund zu Spekulationen lieferte die Tatsache, daß die anderen drei Mitglieder der Band im Hotel Navarro wohnten, wo die Gruppe bisher immer abgestiegen war, seit sie es sich leisten konnte.

Erst mehrere Monate danach kam Pete auf die eigentlichen Ursachen seines Problems zu sprechen. »In all den Jahren mit den Who hatte ich mich nie zu etwas zwingen müssen«, gestand er dem befreundeten Journalisten Nik Cohn. »Die ganze Herumhüpferei und das Zerschmettern der Gitarren war für mich immer völlig natürlich gewesen, auch noch als ich es schon tausendmal gemacht hatte. Aber dann, beim ersten Abend im Garden, war plötzlich alles anders. Ich wußte nicht, was ich da auf der Bühne vor all diesen Menschen sollte. Mein Instinkt war weg, und ich mußte alles aus dem Gedächtnis machen. Dann sah ich in der vordersten Reihe all diese Kids, und sie schrien ›Spring, Pete, spring doch!‹ Als ob ich ein Pawlowscher Hund oder ein Seehund im Zirkus gewesen wäre. Da bekam ich furchtbare Angst.

Das war ein unheimliches Gefühl. Nach zwanzig Jahren, mehr als mein halbes Leben, fühlte ich mich plötzlich völlig leer. Ich hatte Angst vor den drei anderen Shows und mußte mich einfach besaufen, um das auszuhalten.«

Die Who mußten noch ein weiteres Live-Konzert geben, eine Show in der Guildhall von Portsmouth vor Studenten des dortigen Polytechnikums, die als Komparsen beim *Tommy*-Film mitgemacht hatten. Vor nur etwa 2000 noch dazu unvoreingenommenen Zuhörern entdeckten die Who wieder Kraftreserven, die ihnen im Garden oder in Charlton gefehlt hatten. Hier strömten sie wieder die Begeisterung aus, die ihre Konzerte zu Beginn des Jahrzehnts ausgezeichnet hatte, und setzten die Studenten, die so etwas noch nicht gesehen hatten, mit der Brillanz ihrer Show in Erstaunen. Leider sollte dies ihr letzter Live-Auftritt für die nächsten achtzehn Monate sein.

Roger übernimmt das Steuer

Die nur vom Erscheinen des *Tommy*-Films unterbrochene Ruhepause der Jahre 1974 und 1975 wirkte sich in verschiedener Hinsicht verheerend aus. Das Verhältnis der vier Musiker der Who untereinander und ihre Beziehungen zu früheren und gegenwärtigen Geschäftspartnern und sogar zu ihren Familien wurde zu einer einzigen Katastrophe. Die Band kam der Trennung so nahe wie zehn Jahre zuvor, als Roger Daltrey gefeuert worden war.

Zunächst waren Kit Lambert und Chris Stamp, die aufgrund von Petes Gutmütigkeit noch so lange mitgeschleppt worden waren, nun in Prozesse gegen die Who verstrickt. Daß der *Tommy*-Film ohne Lambert produziert wurde, brachte diesen sehr in Rage, und obwohl Chris Stamp als Produktionsleiter geführt wurde, war auch er nicht willens, seinen Anteil an den Einnahmen der Who ohne weiteres aufzugeben. Der langwierige Rechtsstreit zog sich durch die Jahre 1974 und 1975 hin, nachdem sich Pete mit der unvermeidlichen Trennung von Lambert und Stamp abgefunden hatte und Roger, Keith und John Bill Curbishley als neuen Manager haben wollten. So wurde Curbishley mit Petes Zustimmung im Sommer 1974 der offizielle Manager der Who, während Pete Rudge weiterhin in New York die Geschäfte der Who in Amerika leitete.

Vor diesem Hintergrund gingen die vier Mitglieder der Who erneut getrennte Wege. Für Pete war die nahe Zukunft bereits verplant: Die Arbeit am Soundtrack zum *Tommy*-Film kostete ihn vier Monate härtester Arbeit, die er mit einer Flasche Remy Martin in der einen Hand und einem Glas in der anderen hinter sich brachte. Seine Depressionen wurden noch schlimmer, als sein Haar auszufallen drohte und er sich einer Reihe schmerzhafter Injektionen in die Kopfhaut unterziehen mußte, um eine vorzeitige Glatzenbildung zu vermeiden. Ähnlich deprimierend wirkte sich ein periodisch immer wieder auftretender Gehörschaden auf Petes Psyche aus: Das ständige Hämmern ohrenbetäubender Rockmusik forderte allmählich seinen Tribut. Fachärzte rieten ihm, nie mehr live aufzutreten.

Karen Townshend hätte dagegen wohl nichts einzuwenden gehabt, da ihr Familienleben in Twickenham ohnehin über

Gebühr unter Petes Arbeitsbelastung leiden mußte. Seine Ehe stand auf der Kippe, da die verschiedenen Seiten seiner Persönlichkeit miteinander im Clinch lagen.

Roger stürzte sich in einen weiteren Ken-Russell-Film mit dem Titel »Lisztomania«, ein düster-phantastisches Machwerk, das auf den unmoralischen Abenteuern des Komponisten Franz Liszt basieren sollte. Obwohl die Mitwirkung Rogers an diesem zweiten Film – wie er später selbst eingestand – ein Fehler war, bestand kein Zweifel mehr, daß Roger als Schauspieler wirklich nicht untalentiert war.

Das Renommee, das sich Roger aufgrund seiner Solokarriere und seiner Filmarbeit erworben hatte, hob ihn nun in eine Position, aus der heraus er Pete Townshends Führungsrolle innerhalb der Who in Frage stellen konnte. Seit der Zeit mit den Detours war ihm eine solche Chance versagt geblieben, doch nun schien der Weg frei, sich als herausragendes Mitglied der Who zu profilieren. Zehn Jahre zuvor hatten die anderen ihn hinausgeworfen, doch jetzt stand er ganz groß da und hatte sich für die Gruppe als unverzichtbar erwiesen.

Keiths Scheidung

Keith hatte nie die schauspielerischen Ambitionen von Roger, doch aufgrund einer drastischen Veränderung in seinem Privatleben sollte er bald sehr viel Zeit für seine ständige, wenn auch hoffnungslose Suche nach immer neuen aufregenden Abenteuern haben. Kim Moon verließ Keith kurz vor der *Quadrophenia*-Tournee im Oktober 1973, und obwohl das nicht das erste Mal war, kam sie diesmal nicht wieder zurück. Mit Keith Partys zu feiern war eine Sache, mit seiner Exzentrizität leben zu müssen aber eine ganz andere, und trotz der Zuneigung, die sie nach wie vor füreinander empfanden, stand Kims Entschluß fest, sich von Keith scheiden zu lassen und Mandy in einer Umgebung aufwachsen zu lassen, die ihrer Entwicklung förderlicher war.

»Zum Glück ist er nur etwa sechs Monate im Jahr hier«, hatte sie einmal gesagt. »Die restliche Zeit ist er auf Tournee. Wenn er immer hier wäre, könnte ich das, glaube ich, nicht aushalten. Er steht morgens auf und beschließt, daß er heute Hitler ist. Dann zieht er sich entsprechend an, kämmt sein Haar über ein Auge, malt sich ein Bärtchen auf und quatscht jeden mit einem deutschen Akzent an. Ich ignoriere ihn dann einfach, wie alle anderen auch. Wir wohnen unter einem Dach, aber jeder lebt sein eigenes Leben.«

Keith versuchte tapfer, seine wahren Gefühle nicht zu zeigen, doch die Tränen eines Clowns waren nicht zu übersehen. »Trotz des Luxus, in dem meine Frau lebt, nehme ich an, daß ich und die Fans ihr das Leben nicht gerade leichtgemacht haben«, meinte er in der DAILY MAIL. »Sie konnte einfach mit dem Ruhm nicht umgehen. Am Schluß haßte sie sogar Popmusik, wollte nicht mehr zu unseren Shows kommen und von Musik nichts mehr hören. Sie wollte mich sogar dazu bringen, mich zu ändern, weil sie es nicht ausstehen konnte, wenn die Leute über mich lachten.«

Als Reaktion auf die Krise in seinem Privatleben wanderte Keith nach Südkalifornien aus, wo viele seiner Freunde und Kollegen schon Wurzeln geschlagen hatten. Er verkaufte Tara House ohne Verlust an Kevin Godley von 10cc und ließ alle seine Sachen nach Los Angeles verschiffen. Leider wurden alle seine Goldenen Schallplatten und sonstigen Trophäen irgendwo zwischen London und Kalifornien gestohlen und dürften sich heute wohl in den Händen amerikanischer Sammler befinden. Keiths Leben in Beverley Hills und Hollywood bestand praktisch nur noch aus einer endlosen Reihe von Parties mit anderen Rock-Größen: Gemeinsam mit Ringo Starr, Harry Nilsson, Micky Dolenz und manchmal auch John Lennon stellte er immer wieder einmal die Stadt auf den Kopf. Am schlimmsten erging es dabei seiner Leber, doch kaum weniger litten unter diesen Eskapaden auch sein Bankkonto und sein Verhältnis zu den anderen drei Mitgliedern der Who.

Keith behauptete, die hohen Steuern hätten ihn aus England vertrieben, doch überdeckte er damit nur seine Einsamkeit und Verzweiflung. In Wahrheit zahlte er in Großbritannien noch immer Steuern, weil er von England nie lange genug abwesend war, um davon befreit zu werden. »Ich liebe mein Land, aber ich kann mir nicht mehr leisten, dort zu leben«, behauptete er. »Aber was soll's, Großbritannien ist ja heute nur noch zehn Flugstunden von Kalifornien entfernt. Das ist doch ein Katzensprung!«

Vor seine Abreise hatte er bei der Arbeit am »Tommy«-Film mit Oliver Reed einen Gleichgesinnten kennengelernt und sich mit ihm diverse alkoholbedingte Eskapaden geleistet. Er spielte auch in »Stardust« mit, dem Nachfolgefilm zu »That'll Be The Day«, in dem ein weiteres Mal David Essex als aufstrebender Rockstar zu sehen war, und arbeitete mit John Waters, dem Produzenten von Radio One, an einer kurzen Serie von Blödeleien für die BBC zusammen. Ohne die Who war Keith wie ein Stück Treibholz. Ziellos verschwendete er seine Zeit mit nutzlosen Dingen und driftete dabei immer weiter in den Alkoholismus ab.

Odds And Sods

Der Gedanke an eine erneute längere Pause entsetzte John Entwistle kaum weniger als Keith Moon, doch diesmal war der Bassist mit dem Pokerface fest entschlossen, mit seiner Zeit mehr anzufangen, als nur in seinem Heimstudio herumzusitzen und an einem vierten Soloalbum zu basteln. Als erstes wollte John das nächste Who-Album zusammenstellen, eine Sammlung bisher unveröffentlichter Songs, die im Büro von Track herumlagen und sonst wohl für immer verschollen geblieben wären. Aus den über das ganze Büro verstreuten Haufen nicht gekennzeichneter Tonbänder stellte John elf Who-Songs zu dem Album *Odds And Sods* zusammen, das nicht nur in historischer Hinsicht faszinierend, sondern zudem auch noch äußerst hörenswert war. »Alle diese Stücke waren ursprünglich Bestandteile umfassenderer Konzepte oder zumindest großer Träume, die nie verwirklicht worden sind«, schrieb Pete Townshend auf dem Cover.

Dank Johns hartnäckiger Suche in den Archiven ging die interessante und einzigartige Beschäftigung der Who mit ihrer eigenen Vergangenheit weiter. *Odds And Sods* enthielt ausrangiertes Material von den »Lifehouse«-Sessions, Songs, die für eine dann doch nicht produzierte EP gedacht gewesen waren, einen Anti-Raucher-Song, den Pete für die Amerikanische Krebsgesellschaft geschrieben hatte, und *I'm The Face*, die erste und einzige Platte der High Numbers. Die Titel wurden in Blindenschrift auf das Cover gedruckt, quer über ein Poster ihres treuen Toningenieurs Bob Pridden. Die LP kam im Oktober 1974 heraus und verkaufte sich für eine Sammlung bislang unveröffentlichten Materials erstaunlich gut.

»In den Archiven liegt noch genügend Material für ein zweites Album«, berichtete John Roy Carr vom NEW MUSICAL EXPRESS. »Zum Beispiel eine ungekürzte Version von *Join Together*, drei Minuten länger als die Single. Dann wäre da noch *Zoot Suit* und *Early Morning Cold Taxi*, zwei Instrumentalstücke von den High Numbers, übriggebliebenes Material von *Quadrophenia* und etliche unfertige Sachen.

Auf einem Stück von *Odds And Sods*, *Put The Money Down*, war der Gesang nur provisorisch, und das verzögerte das Erscheinen der Platte, weil ich Daltrey nicht ins Studio kriegen konnte, um den Part neu aufzunehmen. Also habe ich schriftlich bei ihm angefragt, ob er einverstanden wäre, wenn ich selbst den Gesang übernehmen würde. Er antwortete sofort, das sei in Ordnung, vorausgesetzt, er dürfe die Baßpassagen spielen. Am nächsten Morgen war er dann im Studio!«

Nach dem befriedigenden Abschluß von *Odds And Sods* wandte sich John seinem nächsten Solo-Projekt zu, einer LP, die von Ox aufgenommen werden sollte. So hieß die Band, die John für die Aufnahme von *Mad Dog* zusammengestellt hatte und die mit ihm auch die Promotion-Tournee für das Album machen sollte. Als *Mad Dog* im März herauskam, nahm John auf eigene Kosten Ox zu einer kurzen Großbritannientournee mit. Dieser folgte eine Amerikatournee, die jedoch vorzeitig abgebrochen werden mußte, als klarwurde, daß die Verluste zu hoch sein würden.

Plötzlich eine eigene Band zu haben war ein ungewohntes Gefühl für John, der aufgrund seiner Rolle bei den Who immer im Schatten von Townshend und Daltrey gestanden hatte. Leider zogen seine Konzerte nur hartgesottene Who-Fans an, doch diese merkten nun – vielleicht zum ersten Mal – daß Johns Baßgitarre den Live-Sound der Who entscheidend mitbestimmte.

»Ich habe mit meiner Ox-Tournee wohl einige ganz schön überrascht«, meinte John. »Ich kündigte alle Songs an, sang die meisten selber und war der Frontman der Band. Ich wollte das zwar nicht, aber es war einiges passiert, was die Rollenverteilung in der Band mehr oder weniger festgelegt hatte ...

Ich mußte einfach alles machen. Nicht, daß ich es nicht genossen hätte, aber ich glaube, das hat einige Leute überrascht; ich habe sogar Gitarrensoli vom Leadgitarristen übernommen und sie auf der Baßgitarre gespielt. Ich glaube, viele merkten hier zum ersten Mal, wie wichtig meine Rolle bei den Who war. Eine Menge Leute dachten vorher vielleicht, daß der Who-Sound größtenteils von Townshend kommt, und begriffen jetzt, daß das ein Irrtum war und ein Drittel davon von mir kam, denn ich konnte Ox ganz leicht dazu bringen, wie die Who zu klingen. Den Baß-Sound haben die Leute wahrscheinlich am deutlichsten herausgehört.«

Nach der Tournee löste sich Ox auf und ward nie wieder gesehen, doch John war es gelungen, seinen schon lange an ihm nagenden Ehrgeiz zu befriedigen. Die Erfahrung hatte ihn nicht nur viel Geld gekostet, sondern auch sein Verhältnis zu Robert Johnson, dem Leadgitarristen der Band, schwer belastet, weil dieser die Gelegenheit dazu zu nutzen versucht hatte, sich als eine Art zweiter Pete Townshend aufzuspielen. Am Ende der Tournee redeten Entwistle und Johnson nicht einmal mehr miteinander. »Ich hasse den Typen«, meinte John. »Ich werde nie mehr mit ihm zusammenspielen.«

Roger als Filmstar

Am Ende der Ox-Tournee kamen die Who im März 1975 kurz zu den Feierlichkeiten zusammen, die aus Anlaß der Premieren des »Tommy«- Films in Großbritannien und den USA sowie des gleichzeitigen Erscheinens des Soundtrack-Albums veranstaltet wurden. Die Adjektive, mit denen man Ken Russells Interpretation von Townshends Opus bedachte, reichten von »surrealistisch« und »phantasievoll« über »inadäquat« und »brillant« bis hin zu »undefinierbar« und »nichtssagend«.

Die Who selbst, vor allem Roger Daltrey, waren vom Resultat offenbar recht

angetan. Roger Daltrey, der auf der Titelseite der Zeitschrift ROLLING STONE erschien, war nun auch völlig unabhängig von den Who zu einem Star geworden.

Im April 1975 wurde Keith Moon offiziell geschieden. Einen Monat später kam sein erstes Solo-Album auf den Markt, eine kühne, aber unmelodiöse LP mit dem Titel *Two Sides Of The Moon*. Sie war mit einigen bekannten Musikern in Los Angeles aufgenommen worden, doch hatte Keith die Empfehlung der Plattenfirma, er möge sich auf Schlagzeugsoli beschränken, in den Wind geschlagen. »Schlagzeugsoli sind langweilig«, hatte Keith immer behauptet und sich statt dessen für eigene Versionen seiner Lieblingssongs entschieden, von denen die meisten auf einen begabten Sänger angewiesen waren. Stücke wie *Don't Worry Baby* von den Beach Boys, *In My Life* von den Beatles und selbst *The Kids Are All Right* von den Who zeugten zwar von Keiths ungeheurem Selbstvertrauen, doch selbst das Talent von Joe Walsh, Ringo Starr, Jim Keltner, Bobby Keyes, Harry Nilsson, Klaus Voorman, John Sebastian und Rick Nelson konnte nicht verhindern, daß das Album schon nach wenigen Wochen zu Schleuderpreisen angeboten werden mußte. »Like A Rat Stuffed Up A Pipe«, der für das Album vorgesehene Titel, wurde von MCA ebenso zurückgewiesen wie die ersten Bänder, und auch Skip Taylor, ein von MCA zur Rettung des Projekts eingesetzter Produzent, konnte nicht verhindern, daß das Album ein Flop wurde.

Zu alt für den Rock?

Am 19. Mai 1975 feierte Pete Townshend in Trauer um seine schwindende Jugend seinen dreißigsten Geburtstag. Der Mann, der einmal geschrieben hatte: »Ich hoffe, daß ich sterbe, bevor ich alt werde«, wurde nur schwer mit dem Älterwerden und seiner herausragenden Stellung innerhalb der Rockgemeinde fertig. Nach anfänglichen Angriffen gegen das Establishment war er im Lauf der Jahre selbst zu einem Teil dieses Establishments geworden, und dieses Paradoxon seiner Identität verwirrte und frustrierte ihn. In seinem Leben und in seiner Musik hatte er die Jugend hochleben lassen, doch war ihm nur allzu bewußt, daß Individualismus oder Rebellion in Zukunft für ihn eine wesentlich geringere Rolle spielen würden.

Noch mehr frustrierte ihn die Aussicht, daß die Who womöglich zu Parodien ihrer selbst werden, ihre Konzerte wie Marionetten herunterspielen und nur noch aus ihrer früheren Größe Vorteile schlagen könnten.

Doch die Sache hatte natürlich auch eine andere Seite. Townshend hatte zehn Jahre fast uneingeschränkten Erfolgs hinter sich. Die Who spielten als einzige Band unter ihren Zeitgenossen noch immer in der Originalbesetzung und hatten sich ihr natürliches Herangehen an die Rockmusik weitgehend bewahrt. Die Who waren weder großspurig noch eingebildet und hatten sich durch ihre Kompromißlosigkeit weltweit den Respekt von Publikum, Kritikern und Kollegen erworben. Vor allem Townshend galt als einer der führenden Köpfe des Rock, als bescheidener Intellektueller, zugänglicher Superstar und Philosoph, der sich seiner Verantwortung bewußt war. Er war auch steinreich, doch im Gegensatz zu anderen reichen Rockmusikern stellte er seinen Reichtum nie zur Schau, noch machte er jemals aus rein kommerziellen Gründen Musik. Pete Townshend war einer der wenigen ehrlichen Männer im Rockgeschäft. Wäre er ein typischerer Vertreter seiner Zunft gewesen, dann hätte die Feier seines dreißigsten Geburtstags vielleicht einen fröhlicheren Verlauf genommen.

In derselben Woche schüttete Pete Roy Carr vom NEW MUSICAL EXPRESS sein Herz aus, einem den Who meist freundlich gesinnten Journalisten, den Pete schon lange kannte. Carrs anschließender Artikel, in dem er sich mit Petes Frustrationen und Depressionen auseinandersetzte, wurde zum Auslöser einer vor aller Öffentlichkeit ausgetragenen verbalen Schlammschlacht zwischen Pete und Roger Daltrey.

»Wenn ich so auf der Bühne stehe und Rock'n'Roll spiele, komme ich mir oft zu alt dafür vor«, gestand er. »Wenn Roger meint, daß wir auch noch im Rollstuhl Rockmusik machen werden, dann trifft das vielleicht auf ihn zu, aber bestimmt nicht auf mich. Ich spiele vielleicht auch noch im Rollstuhl, möglicherweise sogar mit den Who, aber ich glaube, wir müssen alle vier begreifen, daß unsere Musik in

Zukunft anders sein wird als bisher, weil die Realitäten sich ändern. Die Gruppe als Ganzes muß kapieren, daß sie nicht mehr die gleiche Gruppe ist wie früher und es auch nie wieder sein wird. Diesen alten Mythos, daß der Rock'n' Roll nur daraus besteht, Platten zu machen, Weiber abzuschleppen, sich zu besaufen und zu feiern, kann man doch vergessen. Das ist doch nicht der Fall, und ich kann mir auch nicht vorstellen, daß Roger das wirklich glaubt. Aber er hätte das wohl gern so.«

Townshend kritisierte auch die viele Solo-Arbeit der einzelnen Bandmitglieder und entschuldigte sich für die Verzögerung bei der Produktion eines neuen Studioalbums nach *Quadrophenia*. »Das Tempo der Who wird von den persönlichen Interessen jedes einzelnen von uns bestimmt. Das neue Album wäre schon viel früher fertig geworden, wenn Roger nicht noch einen weiteren Film gemacht hätte und John nicht mit Ox auf Tournee gegangen wäre. Aber so problematisch es auch ist, die Band zu Aufnahmen zusammenzukriegen, am Ende klappt es doch immer irgendwie. Früher hatten wir diese Schwierigkeiten nicht, aber jetzt verfolgt jeder seine eigenen Projekte. Keith zum Beispiel habe ich seit letzten August nicht mehr gesehen. Ich übe keinen Druck auf sie aus. Ich sage nicht: ›Wir müssen jetzt sofort ins Studio, weil ich ein paar Songs im Kopf habe, die ich loswerden will.‹ Es ist immer andersrum. Sie kommen zu mir und bedrängen mich, ein neues Album zu machen und endlich wieder auf Tournee zu gehen.«

Am Ende des Interviews wiederholte Townshend, wie schwer ihm die Konzerte im Madison Square Garden in New York gefallen waren. »Das war grauenhaft. Die Fans sagten uns, was wir spielen sollten, und als ob das nicht schon schlimm genug gewesen wäre, schrien sie auch noch ›Spring! Spring!‹ Das hat mich wirklich fertiggemacht. Waren wir wirklich schon so weit degeneriert?«

Roger schießt zurück

Im Juni und Juli kamen die Who wieder in ihren Ramport Studios in Battersea zusammen, um ihr neues Album *The Who By Numbers* aufzunehmen. Diese wieder von Glyn Johns produzierten Sessions verliefen zwar reibungsloser als die von *Quadrophenia*, doch hing über der Gruppe eine Atmosphäre der Gleichgültigkeit, die wohl auf die Solo-Arbeit der einzelnen Musiker zurückzuführen war. Zwischen den Aufnahmen spielten sie in der Nähe Cricket oder gingen in die Pubs, was zumindest Pete Townshend bei vorausgegangenen Aufnahme-Sessions nie getan hatte.

Keith Moon sah sich wieder einmal in London um und nahm sich eine Wohnung in Mayfair. Sein tapferer Entschluß, eine Weile trocken zu bleiben, inspirierte Pete zum Mitmachen, doch waren beide in dieser Hinsicht nicht allzu konsequent. John Entwistle hielt sich weitgehend zurück und konzentrierte sich auf sein wie immer makelloses Spiel auf der Baßgitarre, während Roger sich insgeheim über Petes jüngstes Interview im NEW MUSICAL EXPRESS ärgerte und nur zu den Aufnahmen kam, wenn er unbedingt benötigt wurde.

Als die Sessions vorbei waren, nutzte Roger eine Gelegenheit, in der gleichen Zeitschrift auf Petes Bemerkungen zu antworten. Während eines Interviews mit Tony Steward, in dem es in erster Linie um sein zweites Solo-Album *Ride A Rock Horse* ging, ließ Roger seine ganze Gehässigkeit an Townshend aus.

»So viel Scheiß auf einmal habe ich noch nie gehört«, schlug Roger zurück. »Es ist mir wirklich verdammt schwergefallen, diesen ganzen Mist zu lesen, weil ich über die Who und unser Publikum ganz anderer Meinung bin. Townshend hat sich ausgekotzt, und deshalb sind jetzt viele Kids von uns ziemlich enttäuscht. Pete Townshend ist nicht gestorben, bevor er alt wurde, aber nicht der Tod ist sein Hauptproblem, sondern das Älterwerden und das Gefühl, etwas zu tun, was Sache eines Jüngeren wäre.

Am meisten stört mich seine verallgemeinernde Aussage, die Who wären schlecht gewesen. Wir waren nicht schlecht. Aber ich glaube, wir hatten ein paar Gigs, bei denen Townshend schlecht war. Im Madison Square Garden zum Beispiel hätten wir mit geschlossenen Augen spielen können, aber die Gruppe lief nur auf drei Zylindern, vor allem am letzten Abend. Deshalb ist es eine Frechheit, generell zu sagen, die Who waren schlecht, weil das einfach nicht stimmt. Wir waren nicht ganz so gut, wie wir hätten sein können, aber das lag daran, daß Townshend schlecht drauf war und nicht wußte, was er eigentlich wollte. Und mies gespielt hat er außerdem. Klar, wir haben alle mal einen Durchhänger, aber deswegen schreien wir nicht gleich überall herum, daß die Who schlecht sind.«

Roger wies Petes Vorwurf zurück, Rock'n'Roll bestehe für ihn nur daraus, »Platten zu machen, Weiber abzuschleppen, sich zu besaufen und zu feiern«. »Das beweist nur, daß er keine Ahnung von mir hat«, entgegnete der Sänger. »Die Ironie dabei ist, daß die letzten schlechten Gigs der Who abgesehen von Petes psychischen Problemen vor allem deswegen schlecht waren, weil sie nächtelang durchgesoffen hatten und deswegen schon rein körperlich unfähig waren, eine gute Show zu liefern. Jedenfalls was Townshend angeht. Moon säuft auch, aber er hat sich wenigstens unter Kontrolle. Bei den letzten paar Gigs war Townshend so dicht, daß beim besten Willen nichts mehr laufen konnte.«

»Ich hab's wirklich nicht nötig, mich ausgerechnet von ihm über Alkohol belehren zu lassen, denn im Gegensatz zu Mr. Townshend bin ich in den letzten sieben Jahren nicht ein einziges Mal besoffen auf die Bühne gekommen. Ihm ist das vielleicht nie aufgefallen, aber ich weiß es ganz genau, weil ich mich an jede einzelne Show von uns erinnern kann. Das Schlimme ist, daß Pete und ich wahrscheinlich nie fähig sein werden, miteinander zu reden. Ich glaube, ich muß der Band mal einen Brief schreiben, weil es unmöglich ist, mit ihnen darüber zu sprechen.«

Rogers harte, aber wahre Worte entsprangen seiner Loyalität zu der Gruppe, die ihn aus der Fabrik geholt und ihm zehn außerordentliche Jahre ermöglicht hatte. Trotz seiner Erfolge im Film und den positiven Reaktionen auf seine Solo-Arbeit lag ihm nichts ferner, als eine Auflösung der Who zu provozieren. Zehn Jahre zuvor, als die anderen drei ihn höflich gebeten hatten, die Band zu verlassen, war ihm gerade rechtzeitig klar geworden, daß die Who die einzige Grundlage für seinen Erfolg waren. Im vergangenen Jahrzehnt war zwar viel passiert, doch für Roger galt 1975 noch immer das gleiche wie 1965.

Der stolze, aber verwundbare Roger Daltrey war Pete Townshend im Lauf der Jahre trotz ihrer gemeinsamen Erfolge kein bißchen näher gekommen. Mit zweiunddreißig war er konservativ, pragmatisch, empfindlich und ganz und gar nicht intellektuell. Alle großen Rockbands seit den Beatles waren durch Konflikte zwischen unterschiedlichen Persönlichkeiten bestimmt, und die Who bildeten da keine

Ausnahme. Doch Pete Townshend war auf Roger Daltrey ebenso angewiesen wie Roger Daltrey auf Pete Townshend, und beiden war nach wie vor klar, daß die Who als Gruppe sehr viel mehr waren als nur die Summe ihrer Teile.

Der Streit ging weiter, doch zur Trennung kam es nicht.

Als die Aufnahmen zu *The Who By Numbers* beendet waren, flog Pete Townshend mit seiner Familie im August nach Amerika und verbrachte einen Monat damit, Freunde und Anhänger von Meher Baba in ganz USA zu besuchen. Schon seit einiger Zeit trug er sich mit der Absicht, in London ein Meher-Baba-Haus zu gründen, und nutzte seine Reise, diese Angelegenheit mit anderen zu besprechen. Vor seinem Abflug schrieb er Roger Daltrey, er hoffe, eines Tages wieder von ihm respektiert zu werden. In New York schrieb Pete Roger erneut und erklärte, er wolle ihn in jeder Hinsicht unterstützen. Im Endeffekt kam dies einer Entschuldigung gleich, und so gelang es Pete ein weiteres Mal, die Atmosphäre zu bereinigen.

Rogers zweites Solo-Album *Ride A Rock Horse* war weder kommerziell so erfolgreich wie sein erstes, noch kam es bei den Kritikern so gut an, und aus den zehn Stücken von unbekannten Songschreibern ging kein einziger Single-Hit hervor. »Mir ist klar, daß das ein Glücksspiel ist«, meinte er, »und diesmal hatte ich wahrscheinlich Pech, aber ich mache trotzdem weiter. Inzwischen kommen so viele Jungs zu mir und bieten ihre Songs an. Ich kann mich noch genau an die Zeit erinnern, als ich selbst dringend Hilfe nötig gehabt hätte, und wenn ich jetzt jemandem helfen kann, der sonst keine Chance hätte, ist die Sache schon nicht umsonst gewesen.«

The Who By Numbers

The Who By Numbers kam im Oktober heraus. Inzwischen war ein Who-Album ohne festes Konzept schon fast ein Konzept an sich, und die zehn neuen Songs dieser Platte wurden thematisch von Pete Townshends Auseinandersetzung mit dem Älterwerden und seiner zunehmenden Desillusionierung zusammengehalten. Mehrere Songs – vor allem *However Much I Booze*, *In A Hand Or A Face* und *How Many Friends* – wiesen eindeutig auf Petes Ängste in dieser Hinsicht hin, und auch John Entwistles einziger Beitrag *Success Story* ging in diese Richtung. *Slip Kid* war nicht mehr als eine gefällige Teenie-Hymne, *Squeeze Box* ein munterer, leicht witziger Song (mit Pete Townshend am Akkordeon), der als Single ausgekoppelt wurde; und *Blue, Red And Grey*, praktisch ein Solo-Stück von Pete, handelt von dessen Abneigung gegen das typische Leben eines Rockstars, das Keith Moon und viele seiner Kollegen so genossen.

Die Platte, deren Cover John Entwistle entworfen hatte, fiel besonders durch das völlige Fehlen der Synthesizer-Passagen auf, denen bei den zwei vorausgegangenen Alben der Who so viel Platz eingeräumt worden war. Statt dessen war Nicky Hopkins mit dem Klavier reichlich vertreten. Technisch zeigten die Who keinerlei Ermüdungserscheinungen: Rogers Gesang – vor allem in *Dreaming From The Waist* und *Imagine A Man* – war so melodisch und mitreißend wie immer, während Keiths gewohnt bombastisches Schlagzeugspiel von seinem körperlichen Verfall infolge seines Alkoholismus nichts ahnen ließ. *Dreaming From The Waist* enthält auch einige lebhafte Baßlinien, die zum Besten gehören, was von John Entwistle je aufgenommen worden ist und in den nachfolgenden Live-Konzerten entsprechend herausgestellt wurden.

Obwohl das kompositorische Niveau nicht ganz an *Who's Next* herankam, leitete *The Who By Numbers* einen deutlich autobiographischen Stil ein, der die Ehrlichkeit Pete Townshends beim Schreiben seiner Songs unterstrich. Indem er durch die Musik der Who seine eigenen Ängste zum Ausdruck brachte, bekannte er sich dazu, daß The Who eine Band des Volkes war und immer sein würde, weil sie die gleichen Probleme hatte wie alle anderen Menschen auch und sich nicht scheute, dies zuzugeben. Und da geteiltes Leid bekanntlich halbes Leid ist, gelang es der Gruppe, bei der anschließenden Tournee wieder zu der Form zurückzufinden, die sie vor *Quadrophenia* ausgezeichnet hatte.

The Who By Numbers war (abgesehen von Roger Daltreys *Ride A Rock Horse*) das erste Who-Album, das bei Polydor erschien, und so erfuhr die Öffentlichkeit erstmals vom Auseinanderbrechen der langjährigen Geschäftsbeziehung zwischen der Gruppe und ihren Managern Kit Lambert und Chris Stamp und damit der von ihnen geführten Plattenfirma Track Records. Der Rechtsstreit zwischen den beiden Parteien wurde kurz nach Erscheinen des Albums entschieden, und von diesem Augenblick an gingen die beiden ehemaligen Filmregisseure, die in der Karriere der Who eine so entscheidende Rolle gespielt hatten, ihre eigenen Wege.

Sie hatten sich inzwischen über finanzielle Angelegenheiten derart zerstritten, daß einige unfreundliche Formulierungen Lamberts, die über die Presse an die Öffentlichkeit gelangten, ausreichten, um den Bruch zwischen ihnen unumkehrbar zu machen. Für den Rest des Jahrzehnts arbeitete Stamp wieder an Filmen und genoß in Ruhe seinen Wohlstand, während Lambert immer weiter absackte und sein Vermögen für Alkohol und Drogen verschleuderte.

»Kit kaufte am Canale Grande in Venedig einen Palast und umgab sich mit Freunden aus der High-Society«, berichtet Chris Welch, der eine Biographie über Lambert geschrieben hat. »Dann mußte er Venedig verlassen. Nachdem er allen möglichen Leuten in der Stadt Geld schuldete, setzte er seinen Palast in Brand. Er war Alkoholiker und heroinsüchtig und ließ sich deswegen in einer Schweizer Klinik behandeln. Wieder in London, wurde er wegen Kokainbesitzes verhaftet, nachdem ihn ein Dealer, dem er Geld schuldete, bei der Polizei verpfiffen hatte. Er war immer sehr verbittert darüber, daß seine Arbeit mit Pete Townshend an *Tommy* niemals die verdiente Anerkennung gefunden hatte.«

Als sich Kit Lamberts Verfassung zunehmend verschlechterte, bot ihm neben anderen auch Pete Townshend vergeblich seine Hilfe an. Im April 1981 starb Lambert im Alter von fünfundvierzig Jahren, nachdem er im Haus seiner Mutter in Fulham die Treppe hinuntergestürzt war. Nach übereinstimmenden Berichten war er am betreffenden Abend aus einem Nachtklub in Kensington nach einer Schlägerei unter Betrunkenen verletzt nach Hause zurückgekehrt. Dies war ein trauriges und unrühmliches Ende für einen Mann, unter dessen kreativer und visionärer Führung die Karriere der Gruppe, die er liebte, einen so großen Sprung gemacht hatte.

Trotz der andauernden Fehden zwischen den Band-Mitgliedern endete 1975 mit allem Grund zur Zuversicht.

Wieder in Form

Im September 1975 kamen die Who wieder zusammen, um für eine ganze Reihe von Tourneen zu proben, die die Gruppe durch Großbritannien und Europa und gleich dreimal durch die Vereinigten Staaten führen sollte. Soeben von einer Amerikareise in Sachen Meher Baba zurückgekehrt, kam ein ausgeruhter und geistig verjüngt wirkender Pete Townshend lächelnd zur ersten Probe, was Keith Moon erstaunt, aber gleichzeitig in der Hoffnung auf glücklichere Zeiten zur Kenntnis nahm.

Der britische Teil der Tournee begann mit zwei Konzerten vor großem Publikum in den New Bingley Halls bei Stoke-on-Trent am 4. und 5. Oktober, und der Programmablauf deutete schon an, daß Pete Townshend offensichtlich seine Angst verloren hatte, die Who könnten nur noch von ihrer eigenen Vergangenheit zehren. Obwohl im Programm nur zwei neue Stücke aus *The Who By Numbers* – *Squeeze Box* und *Dreaming From The Waist* – auftauchten, legten die Who, besonders am zweiten Abend, eine fast kindliche Begeisterung für ihre älteren Songs an den Tag.

Nach *I Can't Explain* (nun schon im elften Jahr!) bahnten sie sich mit absoluter Hingabe ihren Weg durch *Substitute*, *Magic Bus* und *My Generation* aus den Zeiten vor *Tommy*, bevor sie dann aus der Rock-Oper selbst ein halbstündiges Medley brachten. *Who's Next* war mit den vier Songs *Baba O'Riley*, *Behind Blue Eyes*, *My Wife* und *Won't Get Fooled Again* vertreten, wobei letzterer die Show mit Petes längstem Sprung aller Zeiten beendete. Vielleicht waren die Who unweigerlich zu dem gemeinsamen Schluß gekommen, daß es besser war, ihre beachtliche Liste wichtiger Songs gebührend zu zelebrieren, als sich vor ihr zu fürchten. Das Ergebnis befriedigte nicht nur die Fans, sondern glücklicherweise auch die Gruppe selbst.

Beleuchtungsingenieur John Wolff war während der langen Pause der Gruppe nicht untätig geblieben und hatte die Zeit dazu genutzt, sich mit der Handhabung von Laserstrahlen vertraut zu machen – ein Effekt, den damals immer mehr führende Rockgruppen für ihre Shows verwendeten. Und obwohl die Who immer Mätzchen wie Trockeneis und Spiegelkugeln verabscheut hatten, standen sie nun voll hinter Wolffs Plänen und boten bei ihren Konzerten von dieser Tournee an zusätzlich auch noch eine außergewöhnliche Lasershow. Hinter Keith Moons Schlagzeug wanden sich nun spiralförmig aufsteigende Lichtstrahlen hervor und bahnten sich ihren Weg über Roger Dalt-

reys Kopf bis in die Weite des Publikums. Wolff erwies sich dabei als so geschickt, daß er schon nach einem Jahr als absolute Kapazität auf diesem Gebiet galt und in London seine eigene Lasershow veranstaltete.

Die Tournee zog nach Manchester weiter, wo die Gruppe an zwei Abenden im Belle Vue spielte und die neuentdeckte Kameradschaft innerhalb der Band derart intensive Shows zur Folge hatte, daß diese nach den Worten des inzwischen altbekannten Roy Carr im NEW MUSICAL EXPRESS »... dem Zuschauer alles abverlangten, doch entsprang die ungeheure Energie der Band diesmal nicht dem Haß oder der Wut, sondern einem positiven Zielbewußtsein«.

In einem Gespräch mit Carr nach dem Konzert meinte Roger Daltrey, er sei dem NME dafür dankbar, die internen Probleme der Who an die Öffentlichkeit gebracht zu haben. »Jetzt gibt es nichts mehr, hinter dem wir uns verstecken könnten, und deshalb glaube ich, daß die Who jetzt besser sind als je zuvor, weil ganz einfach niemand von uns mehr mit irgendwelchen Ausreden kommen kann. Wenn einer jetzt auf der Bühne einen Wutanfall hat, ist es ganz allein sein Problem. Keiner kann sich mehr hinter den Who verstecken.

Die Who haben immer mit offenen Karten gespielt«, fügte er hinzu. »Andernfalls wären sie an dem, was da alles an die Öffentlichkeit kam, mit Sicherheit zerbrochen. Sachen wie dieses Interview damals sind verdammt hart, aber wir können uns so etwas leisten und, wie jeder sehen kann, sogar zu unser aller Vorteil nutzen. Pete steckt jetzt voll neuer Energie. Er hat gemerkt, daß die Who trotz allem, was er gesagt hat, immer noch die gleichen sind und die ganzen Streitereien daran nichts ändern konnten.«

Nach einem Konzert im Glasgower Apollo am 15. Oktober bewies Keith Moon auf seine unnachahmliche Art bei einer Auseinandersetzung mit British Airways im Flughafen Prestwick, daß die Who so anarchistisch waren wie eh und je. Nach Meinungsverschiedenheiten mit Polizisten und Angestellten der Fluggesellschaft wegen eines kaputten Computers wurde Keith wegen Landfriedensbruchs eine Strafe von sechzig Pfund aufgebrummt. Später gestand er, daß sein Nettogewinn nach Beendigung der Großbritannientournee ganze 46,70 Pfund betrug.

Der britische Teil der Tournee fand mit vier Konzerten im Londoner Wembleystadion seinen Abschluß, bevor es dann in Deutschland und den Niederlanden weiterging.

Der erste Abschnitt einer dreiteiligen Amerikatournee begann mit einem Konzert im Houstoner Summit am 20. November, zu dem die gesamte amerikanische Presse herangekarrt wurde. Einer wilden Show folgte eine ebenso wilde Party, der Keith Moon die Krone aufsetzte, als er einer etwas zweifelhaften Dame erlaubte, ihn vor den Augen staunender Fotographen mit oralem Sex zu beglücken. Nach dem sich daraus ergebenden Handgemenge, das erst von der Polizei beendet wurde, fanden sich John Entwistle und John Wolff zunächst mit Handschellen aneinandergefesselt und dann hinter Gittern wieder. Dort verbrachten sie mehrere Stunden, bevor Pete Rudge, der wieder die Amerikatournee der Gruppe leitete, mit diplomatischem Geschick und nach Bezahlung einer Strafe von 100 Dollar ihre Freilassung erwirkte – gerade noch rechtzeitig für ihren Auftritt am nächsten Abend in Baton Rouge, Louisiana.

Unter den folgenden achtzehn Konzerten war auch die erste Rock-Show im neueröffneten Pontiac Stadium bei Detroit, einer gigantischen Sporthalle, in der fast 80000 Fans über 600000 Dollar zahlten, um die Who zu sehen. Neun Tage später, am 15. Dezember, trat die Gruppe im Spektrum in Philadelphia auf, wo Pete Townshend die erfolgreiche Tournee mit der Vernichtung von zwei Gitarren (einer davon mitten im Set) und einem Hochleistungsverstärker feierte – eine Orgie der Zerstörung, die inzwischen Seltenheitswert erlangt hatte. Am Ende der Tournee berichtete VARIETY, die Zeitschrift der amerikanischen Unterhaltungsindustrie, daß die zwanzig Auftritte der Gruppe Bruttoeinnahmen in Höhe von 3005097 Dollar eingebracht hätten, von denen ihnen netto 1589097 Dollar verblieben seien. Der einzige Wermutstropfen war die schwache Resonanz auf die jamaikanische Reggae-Band Toots And The Maytals, die alle Konzerte eröffnet hatte.

Wieder in London, festigten die Who Kameradschaft und Erfolg mit drei Weihnachtskonzerten im Hammersmith Odeon. Das Jahr, in dem die fast schon zum Ritual gewordenen Fehden die Gruppe so nahe wie noch nie an den Rand der Auflösung gebracht hatten, endete nun mit allgemeiner Zuversicht. Sofern Petes gebeutelte Trommelfelle noch eine Weile hielten, schien den Who eine glänzende Zukunft bevorzustehen.

Keiths letzte Tournee

Das Jahr 1976 begann mit einem seltenen Auftritt in den britischen Top Ten. *Squeeze Box*, das im Januar als Single herauskam, erreichte in den Charts Platz 10, was den ersten Einbruch der Who in die Hitparade seit Oktober 1973 bedeutete, als *5.15* aus *Quadrophenia* gerade auf Rang 20 gekommen war. In Amerika kam *Squeeze Box* in den Hot 100 auf Platz 16. Inzwischen legten die Who natürlich nur noch wenig Wert auf Erfolge in Single-Charts, obwohl Pete Townshend es oft bedauert hat, daß er in den Siebzigern anscheinend nicht mehr in der Lage war, einen echten Single-Hit zu landen. Bis zum heutigen Tag haben die Who weder mit einer Single noch mit einem Album jemals Platz 1 erreicht.

Im Januar und Februar legte die Band vor der nächsten Tournee im März eine Ruhepause ein. Danach folgte auf zwei Shows im Parc Des Expositions in Paris eine lange Reihe weiterer Konzerte in Amerika, an deren Anfang ein Auftritt in den Boston Gardens am 9. März stand. Dieser Auftakt war alles andere als glücklich, denn Keith Moon brach schon nach dreißig Minuten über seinem Schlagzeug zusammen. Die Who mußten frustriert ihr Programm abbrechen und zur Wiedergutmachung einen Monat später erneut in Boston auftreten. Am folgenden Abend im New Yorker Madison Square Garden gab es keine Probleme, nachdem Keith in seinem Hotelzimmer eingesperrt worden war und ein Roadie an der Tür Wache gestanden hatte, um zu verhindern, daß er an Alkohol kommen konnte. Den ganzen März über tourte die Gruppe in Amerika, bis sie im Winterland Theater von San Francisco ankam. Nach dem Ersatzkonzert in Boston am 1. April zogen sich dann die einzelnen Bandmitglieder zu einer weiteren zweimonatigen Erholungspause zurück.

Im April trennten sich die Who und Pete Rudge in gegenseitigem Einvernehmen, und Billy Curbishley hatte nun weltweit die volle Verantwortung für das Management der Gruppe. Pete Rudge war inzwischen bei den Rolling Stones sehr aktiv (er hatte ihre US-Tourneen von 1972 und 1975 organisiert), und seine New Yorker Firma Sir Productions managte zusätzlich Golden Earring und Lynyrd Skynyrd. Rudge hatte damit eindeutig zuviel Arbeit, um exklusiv für die Who dazusein, doch die Erfahrung, die er sich in ihren Diensten erworben hatte, konnte er als Manager von Lynyrd Skynyrd bis zu ihrem tragischem Flugzeugunglück im Jahr 1977 bestens umsetzen.

Als erstes arrangierte Bill Curbishley in Großbritannien drei gigantische Konzerte in Fußballstadien: am 31. Mai im Londoner Charlton Athletic-Stadion, am 5. Juni in dem von Celtic Glasgow und am 12. Juni in Swansea. Bei diesen festivalähnlichen Shows unter dem Namen »Who Put The Boot In« traten außerdem noch The Sensational Alex Harvey Band, Little Feat, The Outlaws und The Streetwalkers auf. Nach einer kurzen Tournee auf dem europäischen Festland entschädigte das Konzert in Charlton die Fans endgültig für die wenig berauschende Vorstellung, die die Who zwei Jahre zuvor am selben Ort geliefert hatten.

Das Konzert in Charlton zeichnete sich durch eine weitere Besonderheit aus: Im Guiness-Buch der Rekorde wird es als lautestes Rock-Konzert aller Zeiten geführt. Das ehrwürdige Nachschlagewerk stellt fest, daß die Who eine Gesamtleistung von 76000 Watt aus achtzig 800-Watt-Verstärkern und zwanzig 600-Watt-Verstärkern zur Verfügung hatten und Messungen fünfzig Meter vor dem Lautsprechersystem einen Schallpegel von 120 db ergaben. Und dabei hatte Petes Arzt ihn gewarnt!

Anschließend folgte im September und Oktober der dritte und letzte Teil ihrer ausgedehnten Amerikatournee, und viele dieser Shows fanden in ähnlich großen Stadien wie die vorausgegangenen Konzerte in Großbritannien statt. In Jacksonville, Florida, traten die Who in der riesigen Gator Bowl auf, aber das schwülwarme Wetter, ein geldgieriger Promoter und schlecht ausgewählte Vorgruppen ließen nur 30000 Zuschauer den Weg in ein Stadion finden, das über 80000 Menschen faßte. Dennoch, und obwohl Florida nie ein ausgesprochenes »Who-Land« gewesen ist, legte die Band eine phantastische Show auf die Bühne. Pete Townshend meinte nach diesem Konzert: »Wir spielten für die Leute, die nicht gekommen waren.« Pete wußte wie immer, daß Mundpropaganda für die Who die bestmögliche Werbung war.

In Oakland gegenüber von San Francisco spielten die Who bei zwei Konzerten im dortigen Baseballstadion gleichberechtigt neben The Greatful Dead. Dann besuchte die Band Seattle, Portland, Vancouver und Winnipeg, bevor die Tournee in den Maple Leaf Gardens in Toronto am 21. Oktober ihren Abschluß fand. Zum guten Schluß zerstückelte Pete Townshend noch eine Gibson Les Paul, und Keith Moon trat mit dem Fuß in eine riesige Baßtrommel.

Zu diesem Zeitpunkt ahnte niemand, daß dieses Konzert der letzte offizielle Auftritt mit Keith Moon sein sollte.

Die Entstehung des Punk

Die folgenden achtzehn Monate wurden die ruhigste Zeit der Who. Abgesehen vom Sammelalbum *The Story Of The Who*, das von Polydor im September 1976 veröffentlicht wurde, und der gleichzeitigen Neuauflage von *Substitute* (das auf Platz 7 kam) gab es bis Mitte 1978 keine Who-Platten. Auch an der Solo-Front tat sich wenig: ein Album von Roger Daltrey und ein gemeinsames von Pete Townshend und Ronnie Lane, wie Pete ein Anhänger von Meher Baba. Der sonst so produktive John Entwistle redete von einem baßorientierten Soloprojekt, das aber nie zustande kam, und ebenso erging es einem geplanten zweiten Soloalbum von Keith Moon.

John Entwistle, der seit seiner Kindheit in Ealing gelebt hatte, erweiterte seinen Horizont, indem er einen beträchtlichen Teil seines Vermögens in ein 52 Morgen großes Landgut in Gloucestershire investierte, auf dem acht Häuser standen. Keith Moon lebte weiter in Los Angeles, wo er ein Haus nach dem anderen mietete, darunter auch eines in Malibu, das an ein Grundstück des Schauspielers Steve McQueen grenzte. Die Beziehungen zu seinen Nachbarn waren nie sonderlich gut. Er lebte frei und ungebunden, bis er eines Tages Annette Walter-Lax kennenlernte, eine blonde, blauäugige Schwedin, die seiner Exfrau Kim verblüffend ähnlich sah. Annette war jedoch weniger häuslich als seine frühere Ehefrau und übte auf den labilen Drummer einen positiven Einfluß aus. Sie überredete ihn sogar zu einer Entziehungskur in einer Suchtklinik in Los Angeles, doch leider wurde Keith nach jeder Entlassung wieder rückfällig.

Nach dem hektischen Tourneefahrplan des Vorjahres kehrte Pete Townshend nach Twickenham zurück, wo er die Freuden des Familienlebens neu entdeckte. Daß ihn seine beiden Töchter kaum mehr erkannten, als er in der Uniform eines amerikanischen Kapitäns zur See von einer der US-Tourneen zurückkam, hatte ihn schwer erschüttert. Nach diesem Schock schwor er seiner Frau Karen feierlich, in Zukunft käme seine Familie vor den Who, und seither hat er sein Wort gehalten.

Ein zweiter Grund für Petes Zurückhaltung war das Aufkommen des Punk-Rock und die verheerenden Auswirkungen, die die New-Wave-Musik auf die Musikindustrie in ihrer Gesamtheit hatte. Pete, im Unterschied zu den meisten seiner Kollegen, begrüßte diese Entwicklungen. Die Punk-Rocker waren zweifellos vom rohen Rock-Stil der Who beeinflußt, und ihre plötzliche Popularität ließ Pete erleichtert aufatmen. Denn als die britische Musikpresse sich auf die Seite der Punks schlug und die Gelegenheit nutzte, um die etablierten Gruppen in die Mangel zu nehmen und ihnen vorzuwerfen, ihr gegenwärtiger Erfolg beruhe ausschließlich auf ihren Verdiensten in der Vergangenheit, entgingen Pete Townshend und die Who der beißenden Kritik, die sich nun über Gruppen wie Led Zeppelin, Pink Floyd, Emerson, Lake & Palmer und Yes sowie über Stars wie Rod Stewart und Elton John ergoß. Pete Townshends Ehrlichkeit, sein soziales Gewissen und sein Verantwortungsbewußtsein wurden von den jungen Musikjournalisten respektiert, die ebenso entschieden wie die Punk-Rocker am damaligen Status quo rüttelten.

»Einer der Gründe dafür, daß wir immer noch weitermachen, liegt darin, daß wir uns schon mehrmals umgesehen und uns gefragt haben, wer uns eigentlich ersetzen könnte«, meinte Pete. »Wir haben weit und breit niemanden gesehen, aber jetzt ist das anders.

Wenn ich manchmal nachts aufgewacht bin, dachte ich, hoffentlich hat das alles bald ein Ende. Irgendwann habe ich dann ernsthaft daran gedacht, eine neue Art von Musik zu erfinden, die dort ansetzen sollte, wo die Who aufhörten. In meiner Phantasie habe ich den Punk-Rock schon tausendmal erfunden. Ich fand die Scheinheiligkeit unserer Situation unglaublich. ›Wo sind die jungen Leute von heute?‹ fragte ich mich. ›Und wo sind ihre Helden von heute?‹«

Auch Roger Daltrey hieß die Punks willkommen, vielleicht, weil er in ihnen ein Spiegelbild seiner selbst im Alter von achtzehn Jahren sah. »In gewisser Weise hat das den Druck von uns genommen«, äußerte er im ROLLING STONE. »Wir werden auch weiterhin aggressiv sein, aber vielleicht können wir uns jetzt mit musikalischen Bereichen befassen, an die wir uns bisher nie herangewagt haben. Wenn wir inzwischen ziemlich alt aussehen, liegt das ganz einfach daran, daß wir schon fünfzehn Jahre lang die Fahne hochhalten. Wir sind die Punks der Sechziger.«

Im Mai 1977 kam Rogers drittes Solo-Album *One Of The Boys* heraus. Der Schwerpunkt lag nun nicht mehr auf Balladen, sondern auf Rock, und Roger verließ sich nicht mehr auf unbekannte Songschreiber. Der Titelsong stammte von Steve Gibbons, dessen eigene Band unter dem Management des alten Who-Freundes Pete Meaden von Rogers Plattenfirma Goldhawk Productions finanziert worden war. Andere Songs kamen aus der Feder von Paul McCartney, Phillip Goodhand-Tait, Colin Blunstone und Murray Head. Roger selbst war an drei Stücken beteiligt, darunter eines mit dem Titel *The Prisoner*, das durch eine Begegnung mit John McVicar inspiriert war, einem resozialisierten Strafgefangenen, dessen Leben bald zum Thema eines Films mit Roger in der Hauptrolle werden sollte.

Unter den Musikern, die Roger unterstützten, war auch John Entwistle. Produziert wurde die Platte von David Courtney und Tony Meehan, dem ehemaligen Drummer der Shadows. Meehan brachte Hank B. Marvin mit, den vielleicht einflußreichsten britischen Gitarristen aller Zeiten, und so entstand schließlich Rogers bis dahin abwechslungsreichstes Album. Mehrere Stücke daraus wurden als Singles ausgekoppelt, doch keine davon kam in die Charts.

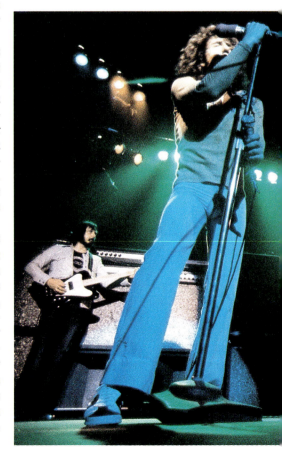

Rough Mix und anderes

Roger Daltrey in Aktion: »Wir waren die Punks der Sechziger!«

Im September brachte Polydor *Rough Mix* heraus, ein gemeinsames Album von Pete Townshend und seinem Freund Ronnie Lane. Es war Ende 1976 und Anfang 1977 größtenteils in den Olympic Studios in Barnes aufgenommen worden und stellte das bei weitem beste außerplanmäßige Projekt eines Who-Mitglieds dar. Das Album enthielt fünf Songs von Pete, vier von Lane und einen gemeinsam komponierten sowie eine Version von Don Williams' Titel *Till The Rivers All Run Dry*. Mit seiner großen Bandbreite musikalischer Stilrichtungen zwischen Petes schnellem Rock und Lanes akustischem Folk war *Rough Mix* zwar ein weiteres Werk im Geiste von Meher Baba, doch anders als bei Petes erstem Solo-Album *Who Came First* vernebelten diesmal die spirituellen Obertöne zu keinem Zeitpunkt die Musik.

Die beiden Townshend-Songs *Heart To Hang On To* und *Keep Me Turning* entsprangen seiner inneren Sorge um seine Rolle in der Rockmusik, während *My Baby Gives It Away* zu seinen lebhaftesten Popsongs überhaupt gehört und das komplex arrangierte *Street In The City* vielleicht das am kunstvollsten ausgearbeitete Stück ist. Auch Lane erwies sich keineswegs als Versager – sein *Annie* war der bewegendste Song des gesamten Albums.

Rough Mix erntete zu Recht hervorragende Kritiken, und so mußte Pete im September gelegentlich sein trautes Heim verlassen, um Interviews zu geben. Dabei enthüllte er zum ersten Mal, daß der berühmte Allen Klein, der einmal gleichzeitig die Rolling Stones und die Beatles gemanagt hatte, in den Streit zwischen den Who und ihren Managern Lambert und Stamp eingegriffen hatte. Klein hatte offenbar als eine Art unvoreingenommener Mittelsmann bei der Klärung der finanziellen Probleme geholfen, bis schließlich eine Einigung erreicht war.

Pete erzählte außerdem von einem Zusammentreffen mit Steve Jones und Paul Cook von den Sex Pistols. Alle Beteiligten waren schon reichlich angetrunken gewesen, und die beiden Punks hatten in vollstem Ernst den Wunsch geäußert, daß die Who auch weiterhin Platten und Live-Shows machen mögen. »Sie sagten, The Who sei eine ihrer Lieblingsbands«, erzählte Pete Chris Welch. »Das hat mich umgehauen, denn die beiden sind aus ganz anderem Holz als dieser Trottel Johnny Rotten. Der macht absolut keine Kompromisse.«

Er fügte hinzu, daß die Who planten, Anfang 1978 ein neues Album aufzunehmen, daß aber vorerst keine weiteren Tourneen auf dem Programm stünden. »Ich habe gestern mit Roger gesprochen, und er freut sich schon auf unsere nächsten Sessions. John würde natürlich am liebsten gleich wieder auf Tournee gehen. Keith lebt immer noch in Los Angeles, aber ich möchte ihn gern überreden, wieder nach England zurückzukommen. Ich glaube nicht, daß es für ihn gut ist, dort zu leben.«

Shepperton

In der zweiten Hälfte des Jahres 1977 investierten die Who eine siebenstellige Summe in den Kauf eines großen Teils des Shepperton-Filmstudios bei Staines. Sie erwarben mehrere große Gebäude, die sich als Lagerhäuser, aber auch für Proben und Aufnahmen eigneten, und verschafften sich damit die Möglichkeit für die eigene Produktion von Filmen. Alle Mitglieder der Who und auch ihr Manager Bill Curbishley wollten die darniederliegende britische Filmindustrie unterstützen und natürlich auch mit Hilfe substantieller Zukunftsinvestitionen ihre Abgaben an den Fiskus in erträglichen Grenzen halten.

Für Shepperton waren eine Reihe unterschiedlichster Projekte geplant, darunter auch ein Film der Who mit dem Titel »The Kids Are All Right«, ein Film zu *Quadrophenia* und ein neuer Anlauf zur Verwirklichung von Pete Townshends damals abgebrochenen »Lifehouse«-Plänen. John Wolff richtete sich einen Workshop für Experimente mit Lasern und Hologrammen ein, Bob Pridden erhielt ein eigenes Tonlaboratorium, und zwei Luxuskarossen wurden für Tourneezwecke umgerüstet und tageweise vermietet.

Jeff Stein war ein begeisterter Who-Fan aus Amerika, der schon Anfang der siebziger Jahre einen Bildband mit Fotos der Gruppe herausgegeben hatte und unbedingt mit der Band an einem gemeinsamen Projekt arbeiten wollte. Er wurde als Produzent für »The Kids Are All Right« eingestellt, und seine erste Aufgabe bestand darin, nach Filmmaterial über die Who aus der Zeit vor *Tommy* zu suchen. Allein dafür wurden etwa 300 000 Pfund ausgegeben, doch für aktuelleres Material wurden die Who bei »Proben« in Shepperton und bei einem speziellen Konzert vor geladenem Publikum im Kilburn State Theatre im Dezember 1977 gefilmt. Dieses Konzert, von dem ein Teil in »The Kids Are All Right« der Nachwelt erhalten geblieben ist, war gleichzeitig der letzte Live-Auftritt von Keith Moon mit der Gruppe.

Moon, inzwischen mit Bart und ein wenig füllig geworden, konnte vom Rest der Gruppe im Frühjahr 1978 dazu überredet werden, nach England zurückzukehren. Er schien ganz begierig darauf, in der neuen Filmgesellschaft der Who verschiedene Aufgaben zu übernehmen. Vor allem wurde er zum Werbedirektor der Firma mit dem klingenden Namen »Who Group of Companies« ernannt, und es sah tatsächlich danach aus, als wollte der ruhelose Drummer endlich seßhaft werden. In den vorangegangenen zwölf Monaten hatte er kaum etwas anderes getan als zu trinken, Pool-Billard zu spielen und Witze zu reißen. Die einzige Filmrolle, die ihm angeboten wurde, war eine Nebenrolle zusammen mit Ringo Starr in »Sextet« von Mae West. Aus seinem zweiten Soloalbum war nichts geworden (obwohl unter der Produktionsleitung von Steve Cropper bereits einige Stücke in Los Angeles aufgenommen worden waren); und selbst die silberne Brandung von Malibu hatte für ihn jeden Reiz verloren.

»Ich bin vor Langeweile fast die Wände hochgegangen«, gestand Keith nach seiner Rückkehr. »Ich wollte unbedingt wieder mit den Who arbeiten. Nach diesen zwei Jahren Pause hatte ich Angst, die andern könnten sich verändert haben, aber wir waren besser als je zuvor. Meinen größten Kick kriege ich immer noch vom Schlagzeug. Ich will nie mehr nach Los Angeles zurück. Meine Zukunft liegt hier in Shepperton.«

Mit Annette Walter-Lax, mit der er nun verlobt war, zog Keith in ein Luxusappartement, das seinem Kumpel Harry Nilsson gehörte. Der Alkohol war nach wie vor ein Problem, doch unternahm er Anfang 1978 einen ernsthaften Versuch, seinen Konsum einzuschränken, und verbrachte sogar eine Woche in einer Gesundheitsfarm in Berkshire, um sich für die Aufnahmesessions zur LP *Who Are You* vorzubereiten, die in Shepperton aufgenommen wurde und im August auf den Markt kam.

Who Are You?

Who Are You war von Anfang an nicht für Live-Aufführungen konzipiert. Pete Townshends Schwiegervater Ted Astley und Schwager Jon assistierten Glyn Johns bei der Produktion und den Arrangements, und die Komplexität des Werks, das sehr vom Synthesizer bestimmt war, ließ wenig Zweifel daran, daß Pete Townshend die Zukunft der Who eher im Studio sah denn als Live-Band. Inhaltlich drehte sich das Album wieder einmal um die Problematik des Rock'n-'Roll Protagonisten über 30 – ein Thema, das Pete damals bei jeder Gelegenheit ansprach. Daß es auch drei gute Songs von John Entwistle enthielt (mehr als je zuvor ein Who-Album), ließ vermuten, daß Townshend vielleicht Material für Soloprojekte zurückhielt.

Der Titelsong war von Petes Zusammentreffen mit den Sex Pistols inspiriert, und eine gekürzte Version entwickelte sich zu einer der erfolgreichsten späten Singles der Who. Insgesamt war das Album aber eher ein Triumph für Roger Daltrey (der zwei der Entwistle-Songs sang) als für die ganze Gruppe. Sein Gesang auf *Guitar And Pen*, *Trick Of The Light* und *Who Are You* war erstklassig. Keith Moons Arbeit am Schlagzeug dagegen war zwar, an normalen Rock-Maßstäben gemessen, nach wie vor ausgezeichnet, doch fehlte ihr das Feuer früherer Tage, und die Kompositionen Pete Townshends ließen das gewisse Etwas vermissen, was den Who in der Vergangenheit einen Vorsprung vor ihren Zeitgenossen verschafft hatte. *Who Are You* enthielt nur wenige bemerkenswerte Gitarrenriffs, und Petes Ehrlichkeit als Songschreiber scheint nur in *Love Is Coming Down* durch.

Music Must Change, ein für die Who sehr untypischer, jazziger Song, wurde ohne Percussion aufgenommen, weil Keith Moon es nicht schaffte, seinen Stil an den ungewöhnlichen Takt des Stücks anzupassen. Der frustrierte Keith tröstete sich nach den mißglückten Versuchen mit der Bemerkung: »Dafür bin ich der beste Drummer der Welt im Keith-Moon-Stil.« Wie wahr... doch das Cover-Foto von Keith auf einem Stuhl mit der Aufschrift »Not To Be Taken Away« wirkt im nachhinein wie eine ironische Prophezeiung der Ereignisse, die nur wenige Wochen später eintreten sollten.

Im Rahmen der Werbekampagne für *Who Are You* flogen Pete Townshend, Roger Daltrey und Keith Moon Anfang August nach Amerika, wo sie eine Reihe von Rundfunk- und Presseinterviews gaben. John Entwistle blieb zurück, um in den Shepperton Studios den Soundtrack für »The Kids Are All Right« fertigzustellen. Am 7. August 1978 wurde Pete Meaden, der alterslose Mod, der ihrer Karriere im Jahr 1964 einen so wichtigen Schub verpaßt hatte, in seiner Wohnung in London tot aufgefunden. Meaden hatte sich in den siebziger Jahren von einem Projekt zum anderen treiben lassen, zum größten Teil von Pete Townshends Großzügigkeit gelebt und sich mit chemischen Präparaten mißhandelt. Zuletzt hatte er die von den Who selbst gesponsorte Steve Gibbons Band gemanagt. Nach seinem Tod richtete die Gruppe ein Treuhandkonto für die Hinterbliebenen ein.

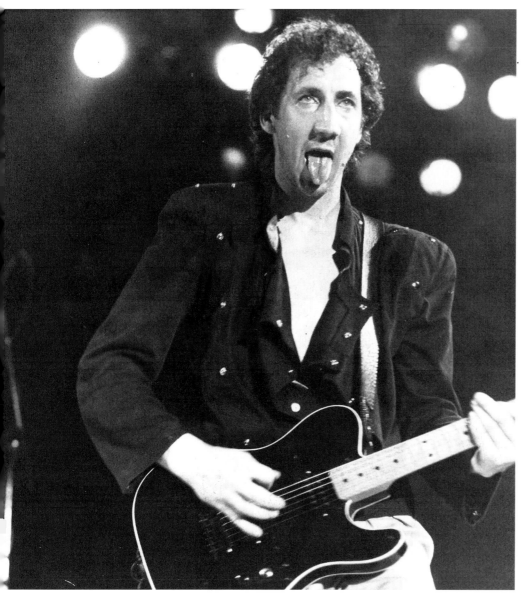

Die Interviews in Amerika drehten sich vor allem um das schwierige Problem der Live-Konzerte der Who; eine Frage, zu der es – wie nicht anders zu erwarten – innerhalb der Gruppe Meinungsverschiedenheiten gab. Pete war gegen weitere Tourneen, während Roger, John und Keith am liebsten sofort wieder losgezogen wären.

»Mein Familienleben war noch nie so glücklich wie in den letzten drei Jahren«, erzählte Pete Dave March vom ROLLING STONE. »Außerdem schädigt die elektrische Gitarre meine Ohren. Das geht schon soweit, daß ich starke Schmerzen habe, wenn ich längere Zeit Lärm ausgesetzt bin, und das ist anscheinend kein gutes Zeichen . . .«

»Ich verstehe, was Pete durchmacht«, antwortete Roger Daltrey, »und ich fühle mit ihm. Aber ich bin trotzdem anderer Meinung. Ich bin sicher, daß ich es eines Tages sehr bedaure, wenn wir jetzt mit den Tourneen aufhören, und Pete wird es genauso gehen.«

Auch Keith war wie immer ganz scharf darauf, wieder live zu spielen, obwohl er andeutete, daß seine jüngsten Aktivitäten bei den Who, sei es nun bei Plattenaufnahmen oder im Filmbereich, ihm neuen Halt gegeben hatten. »In den zwei Jahren Pause ließ ich mich einfach ziellos treiben. Ab und zu habe ich mich zwar für bestimmte Projekte interessiert, aber an die Arbeit mit den Jungs von der Band kommt nichts heran. Das macht unheimlich Spaß, aber ich weiß auch, daß ich mich wieder sehr zusammennehmen muß«, erzählte er Marsh.

Einen Monat zuvor war es ihm auf dem Rückflug von Mauritius über die Seychellen offenbar nicht gelungen, sich zusammenzunehmen. Er hatte gerade einen Arbeitsurlaub hinter sich, bei dem er mit Vertretern der indischen Filmindustrie Verhandlungen geführt hatte. Nach einer größeren Menge Brandy flog er zum letzten Mal mit Britisch Airways. Im Flugzeug stritt er sich mit dem Kapitän herum, und bei der Zwischenlandung auf den Seychellen mußte er die Maschine verlassen. Die Polizei eskortierte ihn ins Krankenhaus, wo man Flugunfähigkeit wegen überhöhten Alkoholgenusses diagnostizierte. Am folgenden Tag wurde er von einem Flugzeug der Kenian Airways nach Heathrow zurückgebracht.

Bell Boy Blues

Am Abend des 6. September nahmen Keith und Annette an einer Party teil, die Paul McCartney aus Anlaß von Buddy Hollys Geburtstag gab. McCartney hatte erst kürzlich die Rechte an Buddy Hollys Songs gekauft und eine jährliche Buddy-Holly-Woche ins Leben gerufen, die immer Anfang September abgehalten wurde und zum Ziel hatte, die Musik des verstorbenen amerikanischen Sängers nicht in Vergessenheit geraten zu lassen. Der Höhepunkt der Buddy-Holly-Woche von 1978 war eine Party im Restaurant Peppermint Park in der Upper St. Martin's Lane, auf die eine Vorführung des Films »The Buddy Holly Story« im Odeon Theatre am Leicester Square folgte.

Auf der Party trafen Keith und Annette unter anderem auch die McCartneys, Eric Clapton und David Frost. Um 23.30 Uhr machten sie sich zur Mitternachtsvorstellung ins Kino auf. Mitten im Film beschloß Keith plötzlich zu gehen und schlich sich zu seinem Rolls-Royce hinaus, der schon auf ihn wartete. Annette rannte hinter ihm her. Auf dem Heimweg zu ihrer Wohnung in der Park Street schauten sie noch in einem Klub vorbei, bevor sie dann nach 4 Uhr morgens ins Bett fielen.

Am 7. September um 7.30 Uhr erwachte Keith mit einem Bärenhunger. Er grillte sich in der Küche ein Steak, nahm es auf einem Tablett mit ins Schlafzimmer und schlang es unter den schläfrigen Blicken Annettes hinunter. Nach diesem Frühstück schluckte er noch eine Handvoll Tabletten und legte sich dann wieder hin. Gegen Mittag stand Annette auf, ließ ihren Verlobten aber weiterschlafen.

Irgendwann zwischen Mittag und vier Uhr nachmittags hörte dann Keith Moons großes Herz zu schlagen auf. Friedlich wie ein Achtzigjähriger starb er im Schlaf.

Gegen 16.30 Uhr betrat Annette das Schlafzimmer und fand dort Keiths leblosen Körper vor. Nach verzweifelten Wiederbelebungsversuchen rief sie seinen Arzt Geoffrey Dymond an, der um 17 Uhr eintraf. Keith wurde in einem Krankenwagen ins Middlesex Hospital gebracht, wo man jedoch nur noch seinen Tod feststellen konnte.

Bei der anschließenden Autopsie wurde als Todesursache eine Überdosis des Beruhigungsmittels Heminevrin festgestellt, das ihm gegen seinen Alkoholismus verschrieben worden war. Eine Woche später sagte der Pathologie-Professor Keith Simpson vor Gericht aus, daß im Magen von Keith achtundzwanzig nicht aufgelöste Heminevrin-Tabletten gefunden worden waren. Dr. Dymond bestätigte, daß Keith sich nie an die vorgeschriebene Dosis gehalten habe. »Ich glaube, er nahm vier oder fünf Tabletten pro Nacht statt der verordneten zwei«, sagte er. »Ich hatte ihm schon seit einigen Tagen keine mehr verschrieben, aber ich weiß nicht, ob er noch welche hatte.«

In Keiths Schlafzimmer wurde ein halbvolles Fläschchen gefunden, das einmal hundert Heminevrin-Tabletten enthalten hatte.

Dr. Max Glatt, eine Kapazität auf dem Gebiet des Alkoholismus, erklärte später in der SUNDAY TIMES: »Alkohol verstärkt die Wirkung dieser Tabletten. Heminevrin wird von den meisten Allgemeinärzten falsch eingeschätzt. Das Mittel ist nur für einen begrenzten Zeitraum von ein paar Tagen geeignet, sollte aber nie von Patienten genommen werden, die nicht ans Bett gefesselt sind. Es solchen Patienten zu verschreiben ist unverantwortlich.«

Der Untersuchungsrichter von Westminster, Mr. Gavin Thurston, gab den Leichnam von Keith frei. Die Verbrennung im Krematorium von Golders Green im Norden Londons wurde auf Montag, den 11. September, festgesetzt.

Am 13. September wurde in Anwesenheit der Familienangehörigen, der Bandmitglieder und einiger weniger enger Freunde wie Eric Clapton, Bill Wyman und Charlie Watts eine kleine Totenfeier abgehalten. Unter den Blumengebinden war auch ein maskierter Troubadour von Oliver Reed und die Nachbildung eines Fernsehers mit einer Champagnerflasche im Bildschirm von Roger Daltrey. Led

Zeppelin, The Moody Blues, Fleetwood Mac, David Bowie, Mick Jagger und Paul McCartney schickten Kränze. Auch das Wohlfahrtsinstitut Make Children Happy, dem gegenüber Keith sich immer als besonders großzügig erwiesen hatte, schickte ein Zeichen der Anerkennung. Roger Daltrey standen während des fünfzehnminütigen Gottesdienstes die Tränen in den Augen, und Annette Walter-Lax erlitt einen Schwächeanfall und mußte hinausgetragen werden.

Keiths Tod war voller Ironie. Abgesehen vom unglücklichen Cover-Foto auf Who Are You war etwa seine Wohnung in der Park Street dieselbe, in der im Juli 1974 Mama Cass Elliott von den Mamas und Papas gestorben war. Zudem war sein Tod ungewöhnlich friedvoll für eine der auffälligsten Persönlichkeiten des Rock: Niemand zweifelte daran, daß Keith, wenn er seinem Leben selbst ein Ende hätte setzen wollen, sehr viel spektakulärer vorgegangen wäre und dabei wahrscheinlich ein Auto oder ein Haus mit hätte draufgehen lassen.

Die britische Presse berichtete über Keiths Tod auf den Titelseiten und behandelte den verrückten Drummer mit dem gleichen Respekt, den sie schon traditionell allen britischen Exzentrikern erwies. Die wenigsten Zeitungen befaßten sich dabei ausführlich mit seinen außergewöhnlichen Fähigkeiten als Drummer. Statt dessen betrauerte man den Tod des Clowns Moon und wiederholte die Geschichten, die Keith selbst in schummrigen Bars zwischen Unmengen von Drinks zum besten zu geben pflegte. Selbst die ehrwürdige Londoner TIMES widmete Keith Moon einen Nachruf: »(Keith war) ... fraglos einer der talentiertesten Rock'n'Roll-Drummer der Gegenwartsmusik«, hieß es darin. »Ihre Arbeit (die der Who) wurde teilweise von Moons Fähigkeit inspiriert, die Gedanken und Gefühle des durchschnittlichen Teenagers seiner Generation auszudrücken.«

In Amerika trauerte man sehr um Keith. Überall in den USA brachten Diskjockeys von Rundfunkstationen sofort nach Bekanntwerden seines Todes Nachrufe. Von den entsprechenden Zeitungsartikeln über Keith in der amerikanischen Presse beschrieb der von Greil Marcus im ROLLING STONE am zutreffendsten die Fähigkeiten des Drummers: »Als Naturtalent und Rock'n'Roll-Original gehörte Keith Moon zu den ganz wenigen, die in der Musik Möglichkeiten erkannten, die von anderen nicht nur einfach übersehen, sondern überhaupt nicht wahrgenommen wurden«, schrieb er. »Keith Moon war ein Mann von ungeheurer, destruktiver Leidenschaftlichkeit, die er in seine Musik übertragen hat. Wenn ich mir heute seine Platten anhöre, kommt er mir nicht nur vor wie der beste Drummer der Rockgeschichte, der er zweifellos ist, sondern wie der einzige.«

Die Who selbst reagierten auf seinen Tod schockiert, traurig und verärgert. »Das ist das Ende einer Ära«, sagte Roger Daltrey. »Er war der originellste Drummer des Rock. Er ist für uns unersetzlich, weil er einmalig war. Und er war wie ein jüngerer Bruder.«

John Entwistle erfuhr die traurige Nachricht durch einen Anruf von Pete Townshend, während er zu Hause von zwei irischen Journalisten interviewt wurde. »Erst hielt ich es für einen Scherz«, sagte er. »So richtig begriffen habe ich es erst ein paar Tage später, als ich mit seiner Mutter und Annette sprach. Ich war richtig wütend über die Art und Weise, wie es passiert ist, durch einen blöden Unfall. Ich glaube, er hat sich für unzerstörbar gehalten.«

Pete Townshend gab am 11. September eine offizielle Erklärung ab. »Als Band fühlen wir zunächst mit denen, die ihm nahestanden: mit seiner Mutter, seiner Ex-Frau Kim, seiner Tochter Mandy und seiner Verlobten Annette, mit der er kurz vor der Heirat stand. Als nächstes müssen wir an die Fans der Who denken. Wir sind mit einem Album in den Charts und arbeiten an einigen Filmen, und obwohl es immer wieder mal Probleme gegeben hat, haben wir noch nie so gut dagestanden wie unmittelbar vor Keiths Tod. Was uns selbst betrifft, so bleibt uns nur die Trauer um unseren großen Komödianten, der nicht nur der unberechenbarste und spontanste Drummer des Rock war, sondern auch zu allem bereit gewesen wäre, um sein Publikum zum Lachen zu bringen oder von den Stühlen zu reißen. Mit unserem Drummer haben wir auch unser Alter ego verloren. Es war nicht immer leicht mit ihm, aber am Ende siegte doch immer seine Liebe zu jedem einzelnen von uns.

Die Who? Wir sind entschlossener denn je weiterzumachen, und wir wollen den Geist der Gruppe erhalten, zu dem Keith so viel beigetragen hat, obwohl natürlich kein menschliches Wesen je seinen Platz einnehmen kann.«

Das Dilemma nach Moon

Nach einer gewissen Zeit der Trauer begriff die Gruppe, daß Keiths Tod ihr in vieler Hinsicht neue Möglichkeiten eröffnete, weil sich ihnen nun eine Freiheit zu experimentieren auftat, die sonst undenkbar gewesen wäre. Die Tradition der Who als Vier-Mann-Band und die Litanei ihrer Live-Auftritte waren sowohl in den Köpfen der Fans wie der Gruppe selbst bislang sakrosankt gewesen. Nach Keiths Tod aber konnten die Who machen, was sie wollten, ohne befürchten zu müssen, daß dies als Bruch mit dem Bewährten auf Ablehnung stoßen würde. Veränderungen waren nun unumgänglich; sie konnten zusätzliche Drummer einstellen (mit weniger als dreien war Keith nicht zu ersetzen) und mit Keyboards, Blasinstrumenten und Hintergrundstimmen arbeiten.

»Das ist wie ein Opfer«, sagte Roger Daltrey im ROLLING STONE. »Wir können jetzt alles machen, aber ich habe dabei gemischte Gefühle. Ich fühle mich gleichzeitig unheimlich stark und unheimlich zerbrechlich.«

Nach mehreren Treffen mit Bill Curbishley verkündeten Townshend, Daltrey und Entwistle zunächst, daß sie sich nicht nach neuen Leuten umsehen wollten. Statt dessen sollten nur vorübergehend Drummer für bestimmte Projekte angeheuert werden und eventuell auch andere Instrumente hinzukommen. Bis dahin hatten sie jedoch noch viel Arbeit im Studio und an verschiedenen anderen Projekten zu erledigen, und alle stimmten darin überein, daß dies das beste Mittel gegen ihre Traurigkeit war.

John Entwistle stürzte sich wieder in die Arbeit am Soundtrack für »The Kids Are All Right«, das nun als weitgehend live aufgenommenes Doppelalbum erscheinen sollte. Auch am Film zu *Quadrophenia* wurde nun gearbeitet, doch mußte Pete für den Soundtrack noch weiteres Material beisteuern. Die Oberaufsicht hatte dabei erneut John Entwistle, der Songs aus dem Original-Album für den Film neu mischte und weitere dazu passende Musik auswählte. Roger Daltrey spielte als John McVicar seine erste ernsthafte Filmrolle und sah seinem erstaunlich erfolgreichen Debüt als richtiger Schauspieler entgegen.

Als das Jahr 1978 zu Ende ging, waren viele Fragen noch offen. Die Gruppe hatte bis dahin so ziemlich alles überstanden: jede Menge interner Streitereien, den drohenden Bankrott, die Traumata mit ihrem Management, private Probleme, Depressionen und alkoholische Exzesse. Nun kam auch noch der Tod ihres einzigartigen Drummers hinzu. Doch eines war sicher: Die Zukunft mußte Veränderungen mit sich bringen, und Pete Townshend war sich darüber im klaren, daß dies langfristig für ihn und die Who nur von Nutzen sein konnte.

Kenney Jones

Kenney Jones wurde am 16. September 1948 in Stepney als Sohn des Lastwagenfahrers Sam Jones und seiner Frau Violet – beide waschechte Cockneys – geboren. Nach einer nicht sehr erfolgreichen Schulzeit arbeitete er in einer Fabrik im Osten Londons als Verstärkermonteur. Hier lernte er Ronnie Lane kennen und stieß durch ihn zu den Small Faces. Diese Gruppe wurde 1965 mit Kenney am Schlagzeug gegründet, und ihre Karriere in der Mitte der sechziger Jahre weist eine Reihe von Parallelen mit der der Who auf.

Für die Mods waren die Small Faces das East-End-Pendant der Who, und ihr jugendliches Aussehen wurde durch ihre geringe Körpergröße noch unterstrichen: Keiner von ihnen schien größer als ein Meter fünfzig zu sein. Steve Marriott, der zwergenhafte Gitarrist mit der riesigen Stimme, führte die Gruppe zwischen 1965 und 1968 durch eine Handvoll erfolgreicher Singles. Ein Jahr später jedoch löste sich die Gruppe auf, und nach dem anschließenden Zusammenbruch ihrer Plattenfirma Immediate stand sie fast ohne einen Penny da. Marriott gründete daraufhin Humble Pie, doch die verbliebenen drei Small Faces Jones, Lane und der Pianist Ian MacLagan erwiesen sich nach dem Zusammengehen mit Rod Stewart und Ron Wood als die Erfolgreicheren.

Als The Faces schrieb diese Gruppe Anfang der siebziger Jahre Rockgeschichte, wenn auch nicht aufgrund ihrer Platten, sondern vielmehr dank ihrer fröhlich-heiseren Live-Auftritte. Bei ihren Shows demonstrierten die Faces ihr gutes Verhältnis untereinander und stellten unbeschwerten Rock'n' Roll über alles, so daß es auch niemanden zu stören schien, wenn sie, wie es häufiger geschah, auf der Bühne einen reichlich angetrunkenen Eindruck machten. In den Jahren zwischen 1971 und 1975 gehörten sie sowohl in Großbritannien als auch in den USA zu den bestverdienenden Bands überhaupt und genossen ihren Ruhm in vollen Zügen.

Erste Probleme tauchten 1973 auf, als Ronnie Lane das Leben als Star satt hatte und die Gruppe verließ. Als sich dann die übrigen Faces durch Rod Stewarts Solokarriere immer mehr in den Hintergrund gedrängt fühlten und Ron Wood seine Unabhängigkeit damit unterstrich, daß er als »Gastgitarrist« 1975 an der US-Tournee der Rolling Stones teilnahm, wurden die Risse in der Band immer offensichtlicher. Nach Rod Stewarts nicht gerade freundschaftlichem Abschied löste sich dann Ende 1975 die Gruppe auf.

Im darauffolgenden Jahr versuchten Jones, MacLagan und Marriott, den Small Faces neues Leben einzuhauchen, doch Lane weigerte sich mitzumachen. Mit zwei neuen Mitgliedern machten die Small Faces zwei Alben für Atlantic und zogen 1977 zwei Großbritannientourneen durch, doch nach ihrem zweiten Album lösten sie sich 1978 wieder auf. Marriott verließ die Gruppe und versuchte, Humble Pie neu zu formieren, während MacLagan sich den Rolling Stones als »Gastpianist« anschloß.

Der vom Scheitern der Band enttäuschte und zudem hochverschuldete Kenney Jones wandte sich wieder der Session-Arbeit zu, bis ihm dann zu Weihnachten 1978 Bill Curbishley das Angebot machte, den Who beizutreten.

»Ich wollte gerade mit Glyn Jones eine Band aus lauter fabelhaften Musikern zusammenstellen. Wir probten schon für ein Album und hatten einen phantastischen Plattenvertrag«, erzählte Kenney Chris Welch vom MELODY MAKER Anfang 1979. »Dann rief Bill an und sagte mir, daß die Who zusammenbleiben wollten und mich sehr gern als neues, gleichberechtigtes Mitglied aufnehmen würden. Also verabredete ich mich mit Pete und Bill zum Essen. Zwei oder drei Stunden lang wußte ich nicht, wie ich mich entscheiden sollte. Aber ich kannte Pete schon so lange, und Bill stammt wie ich aus dem East End, und mir wurde klar, daß das die richtigen Leute für mich waren.

Ich war vorher mein Leben lang immer bei Bands gewesen, die sich irgendwann auflösten, und deshalb glaube ich, daß die Who eine gute Wahl getroffen haben.«

Der Umbau

In den ersten Monaten des Jahres 1979 nahm Kenney Jones einen Schnellkurs in Who-Musik und übte täglich zu Platten und Tonbändern. »Nur durch Zuhören zu lernen ist schwer, weil die Musik dann bei Live-Auftritten wahrscheinlich sowieso wieder ganz anders ist. Jetzt muß ich eben die richtigen Proben abwarten, und dann klappt es schon irgendwie. Natürlich wird es anders sein als vorher, weil ich eine ganz andere Art von Drummer bin und Keith Moon nicht kopieren will. Am besten lasse ich mich von seinem Stil gar nicht beeinflussen. Pete wird mir sicher helfen. Ich bin noch ziemlich nervös, aber wenn ich erst mal die Live-Show draufhabe, geht's mir besser.«

Jones' Schlagzeug-Stil war kraftvoll, aber kontrolliert. Zwar erreichte er nie das Flair und die Hingabe von Keith Moon, doch dafür war er solide und zuverlässig, ein erfahrener Profi, der auf der Bühne wie im Privatleben seine Grenzen nicht überschritten. Anders als Keith hatte er nicht den Ehrgeiz, sich ständig bei Trinkgelagen zu beweisen. Er hatte zwei Söhne, Dylan und Jesse, und seine Frau Jan war die Tochter des Komponisten und Dirigenten Tony Osborne. Der Anruf von Curbishley bot Kenney genau die Art von Sicherheit, von der er in sechzehn Jahren als nicht unbedingt hochgerühmter, aber doch zumindest respektierter Schlagzeuger geträumt hatte.

Der Beitritt von Kenney Jones zu den Who wurde im Januar 1979 publik gemacht. »Er ist ein ganz anderer, wesentlich konventionellerer Drummer als Keith«, erklärte Pete Townshend Chris Welch. »Aber irgendwie habe ich das Gefühl, daß es mit uns aufwärts geht. Lange Zeit fühlte ich mich dadurch eingeschränkt, daß ich nur Rhythmusgitarre spielte, und deshalb hätte ich gern für die Band einen Keyboarder, der Klavier und Orgel spielt, und einen zweiten Gitarristen, damit ich auf der Bühne am Synthesizer arbeiten und verschiedene Gitarrenstile spielen kann. Dann könnten wir auch komplexeres Material aus der Geschichte der Who live aufführen.

Seltsamerweise hat sich Keiths Tod positiv ausgewirkt. Jetzt sind wir nicht mehr an die Traditionen der Who gebunden. Das war wie ein Joch für uns, von dem wir uns nicht befreien konnten. Die Who ist eine seit langem etablierte Band mit einer

großen Vorgeschichte, aber jetzt fangen wir plötzlich wieder ganz von vorn an, wie eine neue Band. Ich bin unheimlich aufgeregt.«

Townshend zweifelte keinen Augenblick daran, daß Kenney Jones für die Who die richtige Wahl war. »Für mich kam sonst niemand in Frage«, meinte er. »Es ging doch nie darum, Keith zu ersetzen. Kenney wäre der letzte, der bestreiten würde, daß Keith unersetzbar war und niemand ihn je kopieren könnte. Aber Kenney war mit den Who schon seit einiger Zeit enger verbunden, als die meisten gewußt haben. Wir hatten immer einen sehr guten Draht zu den Faces... Kenney arbeitete an dem Soundtrack zu *Tommy* mit, und John und mir fiel schon damals auf, daß er der einzige war, mit dem wir spielen konnten, ohne uns ständig nach Keith zu sehnen.

Keith war sehr einfühlsam und hatte seinen ganz eigenen Stil, während Kenney sehr viel schulmäßiger spielt. Aber er ist hellwach, lernt schnell dazu und hat wie wir das Gefühl, daß wir eine neue Band aufziehen. Die Leute müssen sich eben daran gewöhnen, daß die Who so, wie sie sie gekannt haben, nicht mehr existieren und nie mehr existieren werden.« Pete Townshends Wunsch nach einem Keyboarder ging in Erfüllung, als John »Rabbit« Bundrick sich der Band als eine Art freier Mitarbeiter anschloß. Der in Texas geborene Studiomusiker war 1971 als Mitglied der Band von Johnny Nash erstmals nach Europa gekommen. Er war in England geblieben, um ein Album mit Paul Kossoff und Simon Kirke (damals bei Free) sowie Tetsu Yamouchi zu machen. 1972 schloß sich Bundrick dann Free an, und nach deren Auflösung ein Jahr später brachte er ein Soloalbum heraus. 1976 schloß er sich Back Street Crawler an, die sich nach Kossoffs Tod nur noch Crawler nannte. In jüngster Zeit hatte er eine Reihe von Sessions gemacht, und sein Können war allseits anerkannt.

In der ersten Aprilwoche des Jahres 1979 wurde das Comeback-Konzert der Who angekündigt, das am 12. Mai in einem 8000 Sitzplätze fassenden römischen Amphitheater in Fréjus bei Cannes stattfinden sollte. Ort und Datum waren wegen des Filmfestivals von Cannes gewählt worden, bei dem sowohl »The Kids Are All Right« als auch »Quadrophenia« uraufgeführt wurden.

Die neuen Who

In Wirklichkeit traten die neuen Who erstmals bei einem überraschend anberaumten Konzert am 2. Mai im Londoner Rainbow Theatre in Erscheinung. Obwohl die Show erst achtundvierzig Stunden vorher angekündigt worden war, bildeten sich in Finsbury Park lange Schlangen, und viele der Wartenden waren Teenager, die die Who noch nie im Leben gesehen hatten. Der Grund dafür lag in einem neu erwachten Interesse am Mod-Kult, und Pete Townshend wurde eben von vielen als geistiger Vater der Mod-Generation angesehen.

Die Show wurde mit *Substitute* eröffnet, und augenblicklich war klar, daß nicht einmal Keiths Tod den Geist der Who hatte zerstören können. Dann kam – jetzt schon im fünfzehnten Jahr – *I Can't Explain*, gefolgt von *Baba O'Riley*, *The Punk Meets The Godfather* und Entwistles *Boris The Spider*. Anschließend spielte die Gruppe zwei bis dahin noch nie live aufgeführte Songs aus *Who Are You*, nämlich *Sister Disco* und *Music Must Change*, danach *Behind Blue Eyes* und schließlich ein kurzes *Tommy*-Medley aus *Pinball Wizard* und *See Me Feel Me. Long Live Rock*, eine neue Single der Who, wurde von *Bargain* abgelöst, bevor auf *Who Are You* eine ruhigere Version von *My Generation* folgte und das Programm schließlich mit *Join Together, Magic Bus* und *Won't Get Fooled Again* endete. Den wiederholten Forderungen nach einer Zugabe kamen die Who schließlich nach und beendeten den Abend mit *The Real Me* aus *Quadrophenia*.

Aus Anlaß dieses Konzerts und in Übereinstimmung mit der damaligen Mode ließ sich Roger Daltrey seine langen Locken abschneiden und legte sich einen Mod-Schnitt zu. Ansonsten hatte sich wenig verändert. Pete Townshend vollführte noch immer seine Luftsprünge und wirbelte mit dem Arm herum, Roger ließ noch immer das Mikrophon am Kabel um seinen Kopf kreisen, und John Entwistle stand noch immer stoisch daneben und untermalte die Aktionen seiner Kollegen mit Baßlinien wie aus einer Maschinenpistole. Was fehlte, waren natürlich Keiths Clownerien und seine charakteristische Gestik, aber Kenney Jones war ja alles andere als ein Anfänger, und so stellte sich die Rhythmussektion der Who solide wie immer dar. John Bundrick zur Linken von Entwistle war weitgehend unsichtbar, doch seine Keyboards ersetzten die Hintergrundbänder und unterstützten Pete Townshends Akkordschemata. Die Who waren wieder da und erweckten den Eindruck, als ob es ihnen Spaß machte.

Während der folgenden Woche gaben die Who in Cannes Pressevertretern aus aller Welt, die aus Anlaß des Filmfestivals dort zusammengekommen waren, Unmengen von Interviews. Um ihrem Einstieg ins Filmgeschäft gebührend Nachdruck zu verleihen, mieteten sie in der Bucht eine Jacht, auf der sie, zusammen mit Bill Curbishley, Reporter und ausländische Filmverleiher empfingen und geschäftliche Verhandlungen führten. Auf das Konzert in Fréjus folgten zwei weitere in Paris und eines im Glasgower Apollo. Pete Townshend behauptete vor der Presse zwar immer noch, daß er keine Tourneen machen wolle, doch Bill Curbishleys Terminkalender wurde immer voller. In den nächsten zwölf Monaten erlebten die Who in bezug auf Tourneen ihre hektischste Zeit überhaupt.

Inzwischen war »The Kids Are All Right« in den Kinos angelaufen, ein Film, den eingefleischte Who-Fans nur als Nachruf auf Keith Moon verstehen konnten. Er vermittelte einen Einblick in die ruhmreiche und faszinierende Vergangenheit der Who und enthielt interessantes Filmmaterial von ihren ersten Fernsehauftritten und Werbefilmen. Auch der Zerstörungswut der Gruppe und der überschäumenden Reaktion des Publikums auf Keith Moon war reichlich Platz gewidmet, ebenso wie dem Auftritt der Band in Woodstock. Ein Ausschnitt zeigte, wie Keith bei Proben *Barbara Ann* sang (!), ein anderer dokumentierte seinen letzten Live-Auftritt mit *Won't Get Fooled Again*. Ohne jeden Kommentar war »The Kids Are All Right« ein Dokumentarfilm über die Karriere der Who bis zu diesem Zeitpunkt und als solcher ein wichtiges historisches Dokument aus den Annalen des Rock, das im Betrachter den Wunsch erweckte, die Who so bald wie möglich wieder live erleben zu können.

Der Soundtrack zum Film, der im Juni herauskam, war ein aufwendig verpacktes Doppelalbum mit beiliegendem Begleitheft, das viele großartige Momente enthielt. Kurz danach wurde der Soundtrack zu *Quadrophenia* veröffentlicht, auf dem sich neben zehn von Entwistle neu abgemischten Original-Songs auch drei neue Titel fanden sowie eine Seite mit Songs, die für das Verständnis des Mod-Phänomens von Bedeutung waren. Die Verbraucher hatten allen Grund, sich über das Erscheinen alter Who-Musik in immer neuer Verpackung aufzuregen, obwohl die Gruppe darauf bestand, daß diese Platten so billig wie möglich verkauft werden sollten. Das änderte jedoch nichts daran, daß in einem Zeitraum von zehn Jahren vier Sammelalben alter Songs (*Direct Hits, Meaty, Beaty, Big And Bouncy, Story Of The Who* und *The Kid Are All Right*), drei verschiedene Aufnahmen von *Tommy* und zwei von *Quadrophenia* herausgekommen waren. Nur die Werke der Rolling Stones hatten unter den Händen der Marketing-Strategen noch Schlimmeres zu erleiden.

Im September flogen die Who nach Amerika, wo sie zunächst in Passaic, New Jersey, zwei Konzerte gaben, bevor sie zu fünf Vorstellungen im Madison Square Garden nach New York weiterreisten. Im Oktober spielten sie zweimal im Dome in Brighton, bevor sie für eine Reihe von Auftritten in die USA zurückkehrten. Auf dieser Tournee kam es zu einer schrecklichen Tragödie: Beim Run auf das Riverfront Coliseum in Cincinnati kamen am 3. Dezember elf Fans ums Leben.

Die Tragödie von Cincinnati

Die Karten für das Konzert in Cincinnati waren bereits im September angeboten worden. Innerhalb von neunzig Minuten waren alle 18348 Tickets verkauft. Die Organisatoren hatten beschlossen, so viele Zuschauer wie nur irgend möglich ins Coliseum zu packen. Schon mittags bildeten sich die ersten Schlangen, und bis 19 Uhr drängten sich etwa 8000 Menschen vor den Glastüren. Als eine der Scheiben zu Bruch ging, strömten die Menschenmassen hinein und trampelten jeden nieder, der in diesem Chaos zu Fall kam. Der erste Tote wurde eine halbe Stunde später gefunden, nachdem die Menge sich ihren Weg ins Auditorium gebahnt hatte.

Bill Curbishley wurde schon vor der Show über die Situation informiert, behielt sein Wissen aber zunächst für sich. So wußten die Who während ihres Auf-

Erst nach ihrem spektakulären Auftritt in Cincinatti erfuhren die Who von den katastrophalen Vorfällen im Zuschauerraum.

Empty Glass

Gegen Ende 1979 wurde bekannt, daß Pete Townshend einen Solo-Plattenvertrag mit Atlantic, der New Yorker Plattenfirma, die zur WEA-Gruppe gehört, unterschrieben und sich damit verpflichtet hatte, in den kommenden fünf bis sechs Jahren drei Solo-Alben aufzunehmen. Dies war der erste Hinweis darauf, daß das langjährige und vielen Belastungen unterworfene Verhältnis der Who zu MCA Records seinem Ende entgegenging. So konnte auch die kurz darauf folgende Ankündigung nicht überraschen, daß die Who in Amerika bei Warner Brothers unterschrieben hatten.

Die Zeitschrift ROLLING STONE berichtete, der Vertrag über mehrere Alben belaufe sich auf 12 Millionen Dollar, von denen allein 5 Millionen der Gruppe als Tantiemen garantiert seien. Der Vertrag der Who mit MCA lief nach *Who Are You* im Jahre 1978 ab, und der Soundtrack zu *The Kids Are All Right* wurde nach einem gesonderten Vertrag über dieses eine Album von MCA herausgebracht. Polydor hatte den Soundtrack *Quadrophenia* in den USA veröffentlicht, und so ging man allgemein davon aus, daß dieses Label, das die Rechte an den Who-Platten für den Rest der Welt besaß, die Gruppe auch für Amerika und Kanada unter Vertrag nehmen würde. Offenbar waren die Forderungen der Who jedoch zu hoch. Vorher hatte Daltrey einen separaten Solo-Vertrag mit MCA unterzeichnet, nach dem er der Firma ein weiteres Soloalbum schuldete, während John Entwistle zu diesem Zeitpunkt ohne Solo-Vertrag war.

Das erste von Petes drei geplanten Solo-Alben stand Anfang 1980 kurz vor seiner Vollendung, und in den Interviews, die er damals gab, wurde deutlich, daß dieses Album mit dem Titel *Empty Glass* auch durchaus Material enthielt, das für die Who geeignet gewesen wäre.

»Um ein Solo-Projekt wirklich ernsthaft anzugreifen, mußte ich das beste Material nehmen, das ich damals hatte, und nicht nur irgendwelche alten Sachen, die von den Who mal verworfen worden waren. Deshalb hätte mein Album auch ein Who-Album werden können, wenn wir damals gerade Platten gemacht hätten, obwohl ich dabei mehr riskiert habe, als die Who es getan hätten«, erzählte Pete Charles Shaar Murray vom NEW MUSICAL EXPRESS.

tritts nichts von der Tragödie, die sich abgespielt hatte, doch als sie nach einer kurzen Zugabe in der Garderobe davon erfuhren, war der Schock um so größer. Roger Daltrey brach in Tränen aus und wollte schon den Rest der Tournee absagen, aber Pete Townshend behielt die Nerven. »Wenn wir morgen nicht spielen, dann spielen wir nie wieder«, sagte er.

Den Who selbst war nichts vorzuwerfen, doch Veranstalter und Sicherheitskräfte wurden in den Wochen nach dem Unglück vor Untersuchungsausschüsse zitiert. In einigen anderen Orten, in die die Tournee noch kommen sollte, brachen Verwaltungsbeamte schon in Panik aus, und die Presse kritisierte schärfstens die Praxis der Organisatoren, Hallen bis zum letzten Platz zu füllen. Leider hatte der Vorfall auch zur Folge, daß die Who ohne eigenes Verschulden in einen schlechten Ruf kamen und wegen der Todesfälle noch lange Jahre in Prozesse verwickelt waren.

Am folgenden Abend kündigte Roger Daltrey im Buffalo Memorial Auditorium vor ausverkauftem Haus an: »Wir haben gestern viele Freunde verloren. Diese Show ist ihnen gewidmet.« Die Who mußten hart arbeiten, um sich bei diesem und den folgenden Konzerten in Cleveland, Pontiac, Chicago, Philadelphia, New Haven und Boston in die nötige Begeisterung steigern zu können.

Gegen Ende des Jahres, am 28. September, traten die Who im Rahmen einer Konzertreihe zugunsten kambodschanischer Flüchtlinge im Hammersmith Odeon in London auf. Am folgenden Abend fiel Pete Townshend bei seinem Auftritt in Paul McCartneys Rockestra dadurch auf, daß er als einziger des etwa zwanzigköpfigen Starensembles nicht die einheitliche Goldlamé-Jacke trug, die Paul für diesen Zweck besorgt hatte.

71

»Ich beschloß, einfach draufloszuschreiben und alles, was gut war, in mein Projekt aufzunehmen. Ich wollte ganz bewußt nichts für die Who zurückhalten. Warum soll ich nicht auch selbst mal Who-typische Sachen bringen?«

Das Ergebnis war ausgesprochen spektakulär. *Empty Glass* kam im Mai 1980 auf den Markt und wurde von allen Solo-Projekten der einzelnen Who-Mitglieder das bis dahin erfolgreichste. Das Album war kommerziell wie künstlerisch ein Triumph für Pete, der die Platte seiner Frau Karen und den ersten Song *Rough Boys* seinen Töchtern Emma und Aminta sowie den Sex Pistols widmete. Vervollständigt wurde der Erfolg noch durch den eingängigen Single-Hit *Let My Love Open The Door*; er kam in England wie in Amerika unter die Top 10. Produzent des Albums war Chris Thomas, der kurz davor Platten von den Sex Pistols und den Pretenders produziert hatte.

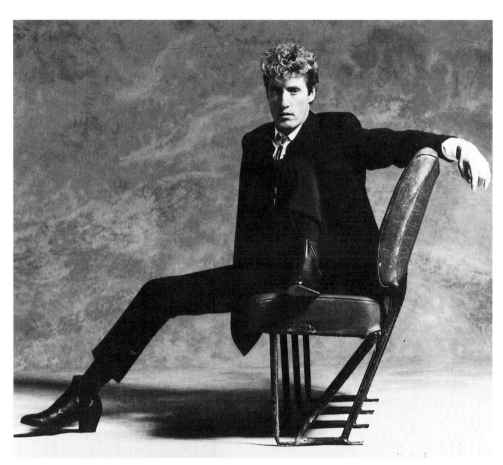

Roger als McVicar

Als *Empty Glass* in den Handel kam, waren die Who bereits zu einer weiteren Runde von Tourneen aufgebrochen. Pete Townshend hatte sich der Mehrheit gebeugt und sich einverstanden erklärt, für relativ kurze Zeiträume – nicht mehr als zwei oder drei Wochen am Stück mit ähnlich langen Pausen dazwischen – auf Tournee zu gehen. So wurden die Amerikatourneen auf Petes Wunsch in einzelne Abschnitte aufgeteilt, auch wenn dies erhebliche Mehrkosten verursachte.

Im März zogen die Who durch Europa und dann Ende April und Anfang Mai wieder durch Amerika, wo sie in Seattle, Portland, Oakland, Salt Lake City, Kansas, St. Louis, St. Paul und Chicago sowie in den kanadischen Städten Toronto und Montreal vor riesigen Menschenmengen jeweils ein oder zwei Konzerte gaben. Nach sechs Wochen Pause im Mai und Juni flogen sie erneut nach Amerika, um im Los Angeles Forum zwei und danach im Sports Center derselben Stadt weitere fünf Shows zu geben – die Einwohner von Los Angeles konnten sich also nicht beklagen. Auf dem Rückweg fuhren sie ein weiteres Mal kreuz und quer durch Amerika und traten in acht Städten auf, die sie bei früheren Tourneen nicht berücksichtigt hatten.

Zwischen den Tourneen besuchte Roger Daltrey im Mai erneut das Filmfestival von Cannes, um für seinen Film »McVicar« zu werben, der dort Premiere hatte. Nachdem ihm klargeworden war, daß er nur mit Musikrollen nie als ernsthafter Schauspieler respektiert werden würde, hatte er sich mit großer Entschlossenheit auf die Rolle des ehemaligen Strafgefangenen gestürzt. Das Ergebnis war ein Filmerfolg, der Pete Townshends Plattenerfolg in nichts nachstand.

Im Jahr davor hatte Roger sich häufig und lange mit dem echten John McVicar unterhalten. Die beiden hatten vieles gemeinsam: Auch der jugendliche Schläger Roger tendierte zweifellos zur Kleinkriminalität, bevor er die Musik entdeckte, und schämte sich nie zuzugeben, daß er ohne die Who vielleicht selbst hinter Gittern gelandet wäre. Niemand zweifelte daran, daß Roger einen Ganoven überzeugend darstellen konnte, aber auch die sanftmütigere Seite McVicars verkörperte er in bewundernswerter Weise. Der Film war darauf angelegt, im Publikum Sympathie für John McVicar zu wecken, während er auf die Vertreter von Recht und Ordnung ein zweifelhaftes Licht warf. Nachdem Roger nun seine schauspielerischen Fähigkeiten unter Beweis gestellt hatte, konnte er zwischen zwei verschiedenen Karrieren wählen, doch wie immer kamen die Who für ihn an erster Stelle.

Face Dances

Gegen Ende der letzten Amerikatournee von 1980 waren die Who in ihrer neuen Besetzung zu einer festen Einheit verschmolzen. Zwischendurch hatten sie sogar mit einer dreiköpfigen Bläsertruppe experimentiert, und Pete Townshend dachte ernsthaft daran, irgendwann auch Streicher und einen Frauenchor zu integrieren. Die Einstellung von Kenney Jones und John Bundrick sowie die Hinzunahme von Bläsern hatte zur Folge, daß die Aufmerksamkeit von den einzelnen Musikern mehr auf die Gruppe als Ganzes verlagert wurde. Während Keith Moon es weidlich genossen hatte, im Rampenlicht zu stehen, war Kenney Jones voll und ganz damit zufrieden, Teil des Kollektivs zu sein, und da es insgesamt nun mehr zu sehen gab, war die Show längst nicht mehr so einseitig auf Townshend und Daltrey ausgerichtet.

Pete zumindest war darüber gar nicht so unglücklich. Je mehr Instrumente auf der Bühne zum Einsatz kamen, desto weniger Lautstärke mußte er aus seiner Gitarre herausholen und desto besser konnte er seine leidenden Ohren schonen. Auch Roger hatte inzwischen bei sich einen Gehörschaden festgestellt. In lauten, überfüllten Räumen hatte er sich schon angewöhnt, Menschen, die leise sprachen, die Worte von den Lippen abzulesen.

Um den dauerhaften Charakter der neuen Who zu unterstreichen, mußte nun ein neues Album her. Die Arbeit an *Face Dances* begann im Sommer 1980 und zog sich bis Ende des Jahres hin. Der Amerikaner Bill Szymczyk, dessen Verdienste nicht weniger zahlreich sind als die Anlässe, bei denen sein Name schon falsch geschrieben worden ist, wurde als Produzent der Sessions in den Odyssey Studios im Zentrum Londons engagiert. Roger mußte seinen Gesang an die neuen Songs von Pete Townshend anpassen und sich statt des näselnden amerikanischen Akzents, der damals von praktisch jedem Rocksänger vor der Punk-Ära bevorzugt wurde, eine rauhere, englischere Tonart angewöhnen. Dies gelang ihm auch, und so entstand ein Album, das ganz anders klang als alles, was die alten Who je gemacht hatten. Das solide und nüchterne Schlagzeugspiel von Kenney Jones trug dazu ebenso bei wie die ungewohnt zurückhaltenden Akkorde von Pete Townshend. Der spezielle, wenn auch schwer definierbare Who-Stil, der ihre besten Stück ausgezeichnet hatte, fehlte.

Dennoch enthielt *Face Dances* einige erstklassige Songs. Das erste Stück der Platte, *You Better You Bet*, war ein guter Rock-Song, der dem alten Who-Stil noch am nächsten kam und zusammen mit John Entwistles autobiographischem Quasi-Heavy-Metal-Song *The Quiet One* im Februar 1981 als Single herauskam. Nach einem Auftritt der Who in »Top Of The Pops« im selben Monat tauchte die Platte nur kurz in den Single-Charts auf.

Zwei weitere Stücke, *Daily Records* und *Don't Let Go The Coat*, waren gute Beispiele für Pete Townshends nach wie vor vorhandene Fähigkeiten als Songschreiber, obwohl sie mit der gleichen Berechtigung auf einem Solo-Album von ihm hätten erscheinen können. Die Kluft zwischen den Songs, die Pete für sich selbst schrieb, und denen, die er für die Who bestimmt hatte, schien mit jeder neuen Platte der Gruppe kleiner zu werden. Insgesamt jedoch enthielt *Face Dances* nicht so viel an bemerkenswerter Musik, wie man es von den Who erwartete, und so reagierte die britische Musikpresse mit einer Reihe unfreundlicher Kritiken. Der NEW MUSICAL EXPRESS forderte Townshend sogar auf, seine Gitarre an den Nagel zu hängen und die Rock-Arena für jüngere freizumachen.

Auf dem Cover von *Face Dances*, das im März erschien, waren Porträts abgebildet, die von einem Dutzend bekannter Maler gemalt worden waren. Das Album kam gegen Ende der längsten je von den Who unternommenen Großbritannien-Tournee heraus, die sehr gut begonnen hatte, aber gelegentlich auch enttäuschte, als altbekannte Spannungen wieder an die Oberfläche kamen. Von Januar bis März gaben die Who in Sälen zwischen Cornwall und dem Westen Schottlands mehr als dreißig Shows. An vielen Orten spielten sie sogar zwei Abende hintereinander, und besonders gut kam dabei London weg, wo sie im Rainbow Theatre und im Lewisham Odeon je zwei Shows gaben und im März im Wembley-Stadion sogar eine Woche lang jeden Abend auftraten.

Nicht immer teilten sich Roger Daltrey und Pete Townshend so einmütig das Mikrophon wie hier in Birmingham.

Die alten Probleme

Einige neue Songs aus *Face Dances* wurden in die Live-Show der Who aufgenommen, doch führte dies immer wieder zu Problemen, weil das Publikum diese Songs noch nicht kannte. Während ihrer langen Karriere hatten die Who mehr als die meisten anderen Gruppen unter den Schwierigkeiten zu leiden, die es bereitete, bewährte Lieblingsstücke der Fans gegen neues Material auszutauschen, und trotz der nicht zu übersehenden Veränderungen in der Band zeigten die Fans auch bei ihrer Großbritannientournee von 1981 keine Spur mehr Verständnis für solche Maßnahmen als sonst.

Das Programm der Gruppe wurde durch *You Better You Bet*, *Another Trikky Day*, *Don't Let Go The Coat* und *The Quiet One* ergänzt, was für die Verhältnisse der Who schon sehr viel neues Material war. Um Platz für diese Songs zu schaffen, mußten so populäre Veteranen wie *My Generation* und das Instrumentalstück *Underture* ausgemustert werden. »Am Anfang klappte es mit den neuen Songs noch nicht so toll, weil wir uns noch nicht genug an sie gewöhnt hatten«, gestand John Entwistle Wayne King von der Zeitschrift TROUSER PRESS. »Das Publikum kannte sie noch nicht und hatte zuwenig Zeit, sich an sie zu gewöhnen. Am Ende lief es dann allmählich besser. Wir müssen einen Song fünfzehn- oder zwanzigmal auf der Bühne spielen, bevor alles hundertprozentig zusammenpaßt. *Quiet One* habe ich speziell als Ersatz für *My Wife* bei unseren Live-Shows geschrieben, weil ich es einfach über hatte, das oder *Boris The Spider* zu singen.

1979 spielten wir mit zwei verschiedenen Listen von Songs und haben das Programm jeden Abend geändert. Am Anfang unserer letzten Englandtournee lief es nicht so gut, und deshalb haben wir einige Songs umgestellt. Am Ende war dann alles in Butter.«

Trotzdem war nicht zu übersehen, daß die Who sich von ihrem neuen Material wieder einmal einen größeren Brocken abgebissen hatten, als sie verdauen konnten. Die Konzerte im Rainbow wurden außerdem durch Meinungsverschiedenheiten zwischen Pete Townshend und Roger Daltrey auf der Bühne beeinträchtigt:

Während Roger einfach nur Musik machen wollte, unterbrach Pete das Programm (manchmal mitten in einem Song), um dem Publikum seinen politischen Standpunkt oder seine Ängste vor dem Älterwerden darzulegen. Zwar kamen seine Angriffe gegen Margaret Thatcher immer gut an, doch den Rest der Band, vor allem Roger, brachten diese ungeplanten Einlagen ziemlich aus dem Konzept, weil sie sich fragten, was ihr unberechenbarer Gitarrist wohl als nächstes spielen wollte. Hinter der Bühne kam es zu hitzigen Wortgefechten, die von den leidgeprüften Helfern der Who mit einer durch jahrelange ähnliche Erfahrungen erworbenen stoischen Ruhe ausgesessen wurden.

Gegen Ende der Großbritannientournee wurde ein geplanter Trip aufs europäische Festland mit Ausnahme einer großen Show in Deutschland im letzten Augenblick abgesagt, weil die Gruppe angeblich zu erschöpft war, um weiterzumachen. Daß die Who müde waren, ist ja durchaus möglich, doch schienen Presseberichte über eheliche Krisen sowohl bei Pete Townshend wie bei John Entwistle mehr als nur ein sekundärer Grund für die überraschende Absage der Tournee zu sein.

1982 erschien dann ein neues Solo-Album des fleißigen Pete Townshend. Produziert wurde *All The Best Cowboys Have Chinese Eyes* in den Londoner Air Studios, wo auch David Bowie vorbeischaute, um ein bißchen mitzusingen – als kleine Revanche für Townshends Gastspiel auf Bowies zwei Jahre zuvor erschienener LP *Scary Monsters And Super Creeps*. The Who brachten das Album *It's Hard* heraus. Der Produzent der Platte und Manager der Band, Kit Lambert, stürzte einen Monat später eine Treppe hinunter und brach sich das Genick.

Das Jahr 1982 ging zu Ende – und mit ihm die letzte (so hieß es damals) Tournee der Who. Das letzte Konzert in Toronto wurde zwar von den Fans bejubelt, aber einige Kritiker klappten die Akte The Who erleichtert zu. »Lustlos und ohne Dynamik wirkten an jenem Abend die Evergreens, fad und banal die neuen Songs«, urteilte ME/SOUNDS später.

Nach einem weiteren »Abschiedskonzert« in Birmingham gaben die Musiker bekannt, daß ihre Zusammenarbeit zu Ende sei. Roger Daltrey: »Pete war damals der Meinung, die Band habe nichts mehr zu sagen. Klar, daß wir anderen nicht seiner Meinung waren. Er selbst sieht das heute auch nicht mehr so. Damals aber ließ uns sein Entschluß keine Wahl: Ohne

Pete gab es keine Who. Ich fand das sehr schade. Denn ich bin überzeugt, daß wir damals die Chance zu einem echten Neuanfang gehabt hätten.«

The Who legten eine Pause ein – und die einzelnen Mitglieder nutzten sie auf sehr unterschiedliche Weise. Pete Townshend (der sich inzwischen zum begeisterten Fan von Bruce Springsteen gewandelt hatte) veröffentlichte 1983 mit *Scoop* ein recht gutes Album, unter anderem mit unveröffentlichtem Material aus dem Who-Fundus. Roger Daltrey brachte ein Jahr später eine schlechte Solo-Platte heraus. *Parting Should Be Painless* tat sich mit vorwiegend belanglosen Songs hervor, die Daltrey ohne Saft und Kraft zum besten gab. Bassist John Entwistle tüftelte an eigenen Songs und vergnügte sich zwischendurch als Gastmusiker bei einigen Bands. Eine neue Live-LP erschien (natürlich hieß sie *Who's Last*) und präsentierte noch einmal alte Hits wie *My Generation* und *Substitute*.

1985 standen die Fans Kopf: Für Bob Geldorfs Benefiz-Spektakel »Life Aid« hatten The Who zugesagt. Und tatsächlich standen sie im Juli '85 auf der Bühne des Londoner Wembley-Stadions, schlugen sich unter den Augen von zwei Millionen Fernsehzuschauern mehr als wacker – und trennten sich wieder.

Gerüchte gingen um, Daltrey, Entwistle und Townshend hätten sich hinter den Kulissen von »Live Aid« beinahe geprügelt – »Alles Lüge«, winkte Daltrey schon 1988 ab, »du wirst lange suchen müssen, bis du eine zweite Band findest, die nach 25 Jahren noch so gut miteinander auskommt wie wir.« Und John Entwistle fügte hinzu: »Wir hatten damals absolut keine Meinungsverschiedenheiten. Alles ging auf extrem freundschaftlicher Art und Weise vonstatten.«

Zur endgültigen Reunion kam es aber nicht. Zunächst nicht.

Roger Daltrey veröffentlichte noch ein recht schwaches Rockalbum, und Pete Townshend ließ sich Ende 1985 für Kurzgeschichten feiern. HORSE'S NECK hieß die Sammlung von Townshend-Texten, die ein amerikanischer Verlag herausbrachte. »Das erzählerische Debüt von Pete Townshend«, staunte der STERN, »übersteigt die Erwartungen. Seine unprätentiöse, symbolkräftige Sprache ist bereits mit dem Frühwerk des großen irischen Dichters W. B. Yeats verglichen worden. Die Tür zur literarischen Welt scheint für den Rockmusiker nun offenzustehen.« Townshend sagte: »Jede Geschichte behandelt einen Aspekt meines Kampfes zu entdecken, was Schönheit wirklich ist.« Ein Kampf, der seit einiger Zeit auch dem renommierten Londoner Verlag Faber & Faber zugute kam. Dort arbeitete Townshend mittlerweile als Teilzeit-Lektor.

Der Job im Lektorat hatte dem Gitarristen offenbar auch musikalisch auf die Sprünge geholfen: Pete Townshend landete mit dem 1985 erschienenen Album *White City* einen ungeheuren Erfolg. Die Platte klang besser und kraftvoller als alles, was The Who in den Jahren zuvor zustande gebracht hatte – und aggressiver als das meiste, was sonst auf den Plattentellern kreiste. Songs wie *Face The Face* oder *Give Blood* knallten mit überraschend viel Druck aus den Lautsprecherboxen – und Bands wie King Swamp schwenkten mit ihren Songs wenige Jahre später begeistert auf Townshends Linie ein.

Der Meister war zufrieden. »Nach *White City* habe ich festgestellt, daß die Zuhörer in Europa meinen Themen gegenüber weitaus aufgeschlossener sind als in Amerika. In Europa hat man begonnen zu verstehen, was ich als Individuum, nicht als Mitglied einer Band, zu sagen versuche.«

Als Townshend 1987 aus Anlaß eines Gala-Dinners der Rock'n' Roll Hall Of Fame in New York weilte, dachte er bereits wieder laut darüber nach, ob The Who nicht bald wieder zusammen auftreten sollten. Roger Daltrey lieferte mit der nächsten Solo-LP *Can't Wait To See The Movie* ein gewichtiges Argument für ein Comeback seiner alten Band: Ohne die Kollegen von einst wirkte der Sänger auch diesmal etwas schlapp.

Daltrey, so war den Äußerungen Townshend zu entnehmen, hing vor allem alten Who-Zeiten nach. »Roger«, grinste er, »ist immer noch der alte, reaktionär wie eh und je. Am liebsten hätte er The Who haargenau so wie in alten Zeiten. Für mich wäre es nicht nur aus gesundheitlichen Gründen nervtötend, wieder wie früher drei Stunden lang auf die Gitarre einzudreschen.«

Who's Better Who's Best erschien. Auf Video und LP/CD wurden da auf Initiative von Pete Townshend noch einmal die alten Who-Hits zur Vorbereitung eines Comeback genutzt.

Iron Man

Das Comeback 1989 brach alle Rekorde.

Doch zuvor zeigte Pete Townshend wieder einmal, daß ihm viel an der Idee des Konzeptalbums liegt. Er hatte den wesentlichen Anteil an der legendären Rockoper *Tommy* und am Nachfolger *Quadrophenia*; und sogar aus einem Hit-Album wie *White City* machte er eine Art musikalischer Novelle – und nun veröffentlichte der Gitarrist eine Platte mit dem vertonten Märchen vom *Iron Man*, einer Science-fiction-Fabel über das friedliche Zusammenleben unterschiedlicher Rassen. Townshend: »Was mich dabei anzieht, ist vor allem die organisatorische Herausforderung. Außerdem stellt es größere Anforderungen an dein Gehirn, Songs zu schreiben, die Teil einer Story sind.«

Titelheld ist ein Roboter, der eines Tages ans Land steigt und sich dort von Maschinen und Stacheldraht ernährt. Natürlich stößt er damit bei den Bewohnern der Gegend auf wenig Gegenliebe, und ein kleiner Junge namens Hogarth lockt den Iron Man schließlich in eine Falle. Ausgerechnet mit Hogarth jedoch freundet sich der Maschinenmensch an – und gemeinsam retten die beiden die Erde vor dem noch gefräßigeren »Space Dragon«. Wie paßt das zum Songwriter einer Rockband, die vor allem in den 60ern für viele die Verkörperung der Jugendrebellion war? »Erst im nachhinein«, sagt Townshend,

»glaube ich nun zu wissen, warum mich die Geschichte so angezogen hat. Was mir vor allem gefiel: Es ist ein Märchen, das unmittelbar zu unserer Zeit gehört. Es geht – zum Beispiel – um die Natur menschlicher Freundschaft, um die verhinderbare Tragödie des Rassismus und um vieles mehr. Die Geschichte ist im Kern nicht sehr verschieden von *Tommy* oder *Quadrophenia*. Sie handelt ebenfalls von einem Kind, das verunsichert ist, Angst hat – und von der Übergangszeit zwischen Kindheit und Erwachsensein.«

Die Vorlage der Geschichte stammt von dem britischen Schriftsteller Ted Hughes – naheliegend, daß Lektor Townshend auch die Songtexte gern von Hughes hätte schreiben lassen. »Doch dann«, bedauerte Townshend im Interview, »ist er im entscheidenden Moment regelmäßig fischen gegangen, und so hab' ich die Sache selbst in die Hand genommen.«

Er hat seine Sache gut gemacht, und entsprechend oft wurde das Loblied auf den exzellenten Songwriter Townshend gesungen. Ein Grund für die Lobeshymnen dürfte auch die Besetzung der Märchen-Oper gewesen sein: Roger Daltrey sang den Vater des kleinen Hogarth, John Lee Hooker mit seiner Reibeisenstimme den Iron Man, die Jazz-Sängerin Nina Simone den verfressenen Drachen aus dem Weltall. Townshend grinst: »Ich hatte schon gewisse Bedenken, Nina Simone zu fragen, ob es ihr was ausmachen würde, als Frau die Rolle eines Drachen zu singen. ›Weißt du‹, sagte sie, ›der Grund dafür, daß ich heute keinen jungen Mann mehr in meinem Leben habe, ist der, daß ich ein Drache bin‹«.

Die Altmeister Daltrey, Entwistle und Townshend: mittlerweile einigermaßen abgeklärt, angeblich ziemlich schwerhörig, aber von den Fans nach wie vor bejubelt.

Die letzte Tour

Während der Who-Tournee des Jahres 1989 hatte der Iron Man dann – von drei Stücken im Live-Repertoire abgesehen – erst mal Pause. Statt dessen kramten die Rock-Recken den bewährten *Tommy* wieder hervor, unterstützt von einem guten Dutzend Begleitmusikern. Sie putzten die berühmte Oper zum Kernstück ihrer Auftritte auf und trommelten schließlich für zwei Benefiz-Konzerte in der Londoner Royal Albert Hall (Eintrittspreis: stolze 100 Pfund) eine All-Star-Band zusammen: Steve Winwood, Billy Idol, Patti LaBelle und Phil Collins waren die prominenten Gäste.

Die Meldungen zur Tournee waren dabei so außergewöhnlich wie die Konzertreise selbst: Roger Daltrey, Pete Townshend und John Entwistle seien – so attestierte ihr Arzt – mittlerweile so schwerhörig, daß sie auf exzellenten Bühnensound nicht mehr viel Wert legen könnten. Ein Werbegag?

Leider nein, sagte Pete Townshend: »Wenn man laute Musik über Kopfhörer hört und dazu Alkohol trinkt, ist das äußerst schädlich.«

Und auch John Entwistle sagte: »Der größte Teil des Schadens geht auf das Konto der Kopfhörer in den Studios.« Roger Daltrey sagte nichts. Vielleicht hatte er die Frage nicht gehört.

Später rückte dann Townshend mit weiteren Gründen für die Gehörschäden des Trios heraus. »John«, verriet er dem FACHBLATT, »kaufte diese Marshall 4x12-Boxen für seine Baßanlage sofort, als sie damals herauskamen. Er stellte sie auf und war damit so laut, daß ich entschied, daß ich ebenfalls solche Boxen brauchte. Ich stellte sie auf Stühle, weil ich gewohnt war, meinen Gitarrensound am Ohr zu haben. Da ging John los und kaufte die nächsten Boxen – es war so eine Art Wettbewerb. Als ich schon längst aufgegeben hatte, kaufte John immer noch weitere, lautere Boxen – und schließlich schob er mit seiner Lautstärke das Schlagzeug regelrecht über die Bühne. Das ist kein Scherz! Sieh dir alte Fotos an – da steht das Schlagzeug nie in der Mitte, sondern immer etwas weiter von Johns Boxen entfernt . . .«

Dem Sound im Saal schien die Schwerhörigkeit der Rockstars keinen Abbruch zu tun. Allein im Coliseum von Los Angeles bejubelten 72 000 begeisterte Zuschauer die Altmeister – die 35 Konzerte der US-Tournee waren mit knapp drei Millionen Besuchern ausverkauft, der Erlös für die Musiker wurde auf stolze 45 Millionen US-Dollar geschätzt. Fünf Millionen spendeten sie übrigens Kinderhilfsorganisationen – »Wir haben alle selbst Kinder und wissen, daß Kinder unser aller Hilfe am nötigsten brauchen«, erklärte Sänger Roger Daltrey.

Und natürlich war der letzte Auftritt im Rahmen dieser Tournee ein »Abschiedskonzert«. Endgültig, unwiederbringlich war sie damit nun vorüber – die Bühnen-Laufbahn der regen Rockopas. Nie wieder Roger Daltrey als Sänger von *You Better You Bet*, nie mehr John Entwistle mit seiner geschrummelten Solo-Einlage für *My Generation*, nie mehr Pete Townshend als Einhand-Hubschrauber an der E-Gitarre.

Nie mehr!

Nie mehr? Immer wieder. Und ab geht's ins neue Jahrzehnt. Und der treue Who-Fan träumt vom kolossalen Konzert im Londoner Wembley-Stadion – als standesgemäße Feier des 40jährigen Bandjubiläums. Das wäre nämlich auch schon im Jahr 2004.

Diskographie

1965

MY GENERATION
(Brunswick)
Out In The Street/I Don't Mind/The Good's Gone/La La La Lies/Much Too Much/My Generation/The Kids Are All Right/Please, Please, Please/It's Not True/I'm A Man/A Legal Matter/The Ox.

1966

READY, STEADY, WHO!
(EP Reaction)
Batman/Bucket T./Barbara Ann/Disguises/Circles.
A QUICK ONE.
Run, Run, Run/Boris The Spider/I Need You/Whiskey Man/Heat Wave/Cobwebs And Strange/Don't Look Away/See My Way/So Sad About Us/ A Quick One While He's Away.

1967

THE WHO SELL OUT
Armenia City In The Sky/Heinz Baked Beans/Mary Anne With The Shaky Hand/Odorono/Tattoo/Our Love Was/I Can See For Miles/I Can't Reach You/Medac/Relax/Silas Stingy/Sunrise/Rael, 1 And 2.

1968

MAGIC BUS: THE WHO ON TOUR
Disguises/Run, Run, Run/Dr. Jekyll & Mr. Hyde/I Can't Reach You/Our Love Was/Call Me Lighting/Magic Bus/Someone's Coming/Doctor, Doctor/Bucket T./Pictures Of Lily.
DIRECT HITS.
(Track)
Bucket T./I'm A Boy/Pictures Of Lily/Doctor, Doctor/I Can See For Miles/Substitute/Happy Jack/The Last Time/In The City/Call Me Lightning/Mary Anne With The Shaky Hand/Dogs.

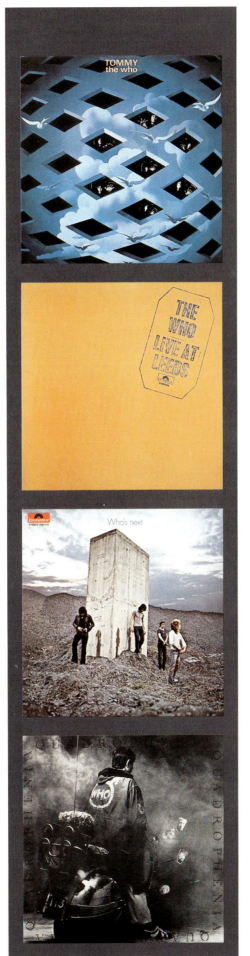

1969

TOMMY
(Doppelalbum, Track/Decca)
Overture/It's A Boy/1921 bzw. auf der Decca-Version: You Didn't Hear It/Amazing Journey/Sparks/Eyesight For The Blind/Christmas/Cousin Kevin/The Acid Queen/Underture/Do You Think It's Alright/Fiddle About/Pinball Wizard/There's A Doctor I've Found/Go To The Mirror/Tommy Can You Hear Me/Smash The Mirror/Sensation/Miracle Cure/Sally Simpson/I'm Free/Welcome/Tommy's Holiday Camp/We're Not Gonna Take It.
TOMMY
(Track)
Amazing Journey/The Acid Queen/Go To The Mirror Boy/Tommy Can You Hear Me/Smash The Mirror/Sensation/Sally Simpson/I'm Free.
THE HOUSE THAT TRACK BUILT
(Sampler of Track)
Von The Who:
Magic Bus/Young Man Blues/A Quick One While He's Away.

1970

HAPPY BIRTHDAY.
Solo-Album – Pete Townshend
(Universal Spiritual League)
Content/Evolution/Day Of Silence/Mary Jane/The Seeker/Begin The Beguine/The Love Man.
LIVE AT LEEDS
(Track/Decca)
Young Man/Substitute/Summertime Blues/Shakin' All Over/My Generation/Magic Bus.
BACKTRACK 1
(Sampler, Track)
Von The Who:
Pictures Of Lily/I Can See For Miles/Call Me Lightning.
BACKTRACK 2
(Sampler, Track)
Von The Who:
Under My Thumb/Magic Bus/Pinball Wizard/The Last Time.
BACKTRACK 3
(Sampler, Track)
Von The Who:
Substitute/Disguises/Run, Run, Run/I'm A Boy/Whiskey Man/Happy Jack/So Sad About Us.
BACKTRACK 4
(Sampler, Track)
Von The Who:
Pictures Of Lily/Relax/Sunrise/I Can See For Miles/Our Love Was/Call Me Lightning.
BACKTRACK 5
(Sampler, Track)
Von The Who:
Magic Bus/Boris The Spider/Mary Anne With The Shaky Hand/Tattoo/Pinball Wizard/I'm Free/Rael.

BACKTRACK 7: MIXED BAG
(Sampler, Track)
Von The Who:
It's Only Me/The Seeker/Summertime Blues/Here For More.
TOMMY
(EP, Track)
Overture From Tommy/Christmas/I'm Free/See Me, Feel Me.
BACKTRACK 14: THE OX
(Track)
Heinz Baked Beans/Heaven and Hell/Dr. Jekyll & Mr. Hyde/Fiddle About/Cousin Kevin/Doctor, Doctor/Medac/I've Been Away/Whisky Man/In The City/Someone's Coming/Silas Stingy.

1971

SMASH YOUR HEAD AGAINST THE WALL
Solo-Album – John Entwistle
(Track/Decca)
My Size/Pick Me Up (Big Chicken)/What Are We Doing Here/What Kind Of People Are They/Heaven And Hell (Solo version)/Ted End/You're Mine/No. 29 (External Youth)/I Believe In Everything.
WHO'S NEXT
(Track/Decca)
Baba O'Riley/Bargain/Love Ain't For Keeping/My Wife/Song Is Over/Getting In Tune/Going Mobile/Behind Blue Eyes/Won't Get Fooled Again.
MEATY, BEATY, BIG AND BOUNCY
(Track/Decca)
I Can't Explain/The Kids Are Alright/Happy Jack/I Can See For Miles/Pictures Of Lily/My Generation/The Seeker/Anyway, Anyhow, Anywhere/Pinball Wizard/A Legal Matter/Boris The Spider/The Magic Bus/Substitute/I'm A Boy.

1972

WHO CAME FIRST
Solo-Album – Pete Townshend
(Track/Decca)
Pure and Easy/Evolution/Forever's No Time At All/Nothing Is Everything/Time Is Passing/There's A Heartache Following Me/Sheraton Gibson/Content/Parvardigar.
WHISTLE RYMES
Solo-Album – John Entwistle
(Track/Decca)
Ten Little Friends/Apron Strings/I Feel Better/Thinkin' It Over/Who Cares/I Wonder/I Was Just Being Friendly/The Window Shopper/I Found Out/Nightmare (Please Wake Me Up.)

1973

ROGER DALTREY
Solo-Album – Roger Daltrey
(Track/MCA)
One Man Band/The Way Of The World/You Are Yourself/You And Me/It's A Hard Life/Giving It All Away/The Story So Far/When The Music Stops/Reasons/One Man Band (Reprise).
RIGOR MORTIS SETS IN
Solo-Album – John Entwistle
(MCA)
Gimme That Rock'n'Roll/Mr. Bass Man/Do The Dangle-Interlude: Only Sixteen/Hound Dog/Made In Japan/My Wife(Solo version)/Roller Skate Kate/Peg Leg Peggy/Lucille/Big Black Cadillac.
QUADROPHENIA
(Doppelalbum, Track/MCA)
I Am The Sea/The Real Me/Quadrophenia/Cut My Hair/The Punk Meets The Godfather/I'm One/The Dirty Jobs/Helpless Dancer/Is It In My Head/I've Had Enough/5.15/Sea and Sand/Drowned/Bell Boy/Doctor Jimmy/The Rock/Love Reign O'er Me.
ODDS AND SODS
(Track/MCA)
Postcard/Now I'm A Farmer/Put The Money Down/Little Billy/Too Much Of Anything/Glow Girl/Pure and Easy/Faith in Something Bigger/I'm The Face/Naked Eye/Long Live Rock.

1975

MAD DOG
John Entwistle's Ox
(Decca/MCA)
Fall To Pieces/Cell Number Seven/You Can Be So Mean/Lady Killer/Who In The Hell/Mad Dog/Jungle Bunny/I'm So Scared/Drowning.
LISZTOMANIA
Soundtrack
(A&M)
Mit Roger Daltrey:
Love's Dream/Orpheus Song/Funerailles/Peace At Last.
TWO SIDES OF THE MOON
Solo-Album – Keith Moon
(MCA)
Crazy Like A Fox/Solid Gold/Don't Worry Baby/One Night Stand/The Kids Are Alright/Move Over Miss L./Teenage Idol/Back Door Sally/In My Life/Together.
RIDE A ROCK HORSE
Solo-Album – Roger Daltrey
(MCA)
Get Your Love/Hearts Right/Oceans Away/Proud/World Over/Near To Surrender/Feeling/Walking The Dog/Milk Train/Born To Sing Your Song.

THE WHO BY NUMBERS
(Polydor/BCA)
Slip Kid/However Much I Booze/Squeeze Box/Dreaming From The Waist/Imagine A Man/Success Story/They Are All In Love/Blue, Red And Grey/How Many Friends/In A Hand Or A Face.

1976

THE STORY OF THE WHO
(Doppelalbum/Polydor)
Magic Bus/Substitute/Boris The Spider/Run, Run, Run/I'm A Boy/Heat Wave/My Generation/Pictures Of Lily/Happy Jack/The Seeker/I Can See For Miles/Bargain/Squeeze Box/Amazing Journey/The Acid Queen/Do You Think It's Alright/Fiddle About/Pinball Wizard/I'm Free/Tommy's Holiday Camp/We're Not Going To Take It/Summertime Blues/Baba O'Riley/Behind Blue Eyes/Slip Kid/Won't Get Fooled Again.

ROUGH MIX
Gemeinschaftsalbum – Pete Townshend/Ronnie Lane. Von Townshend:
My Baby Gives It Away/Rough Mix/Keep Me Turning/Misunderstood/Street In The City/Heart To Hang On To/Till The Rivers All Run Dry.

1977

ONE OF THE BOYS
Solo-Album – Roger Daltrey
(Polydor/MCA)
Parade/Single Man's Dilemma/Avenging Annie/The Prisoner/Leon/One Of The Boys/Giddy/Written On The Wind/Satin And Lace/Do It All Again.

1978/1979

WHO ARE YOU
(Polydor/MCA)
New Song/Had Enough/905/Sister Disco/Music Must Change/Trick Of The Light/Guitar And Pen/Love Is Coming Down/Who Are You.

1979

THE KIDS ARE ALRIGHT
Soundtrack
(Doppelalbum, Polydor/MCA)
My Generation/I Can't Explain/Happy Jack/I Can See For Miles/Magic Bus/Long Live Rock/Anyway, Anyhow, Anywhere/Young Man Blues/My Wife/Baba O'Riley/A Quick One/Tommy Can You Hear Me/Sparks/Pinball Wizard/See Mee, Feel Me/Join Together/Road, Runner/My Generation Blues/Won't Get Fooled Again.

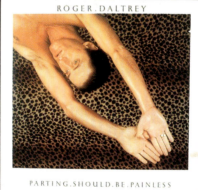

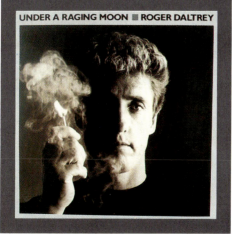

QUADROPHENIA
Soundtrack
(Doppelalbum, Polydor)
I Am The Sea/The Real Me/I'm One/5.15/Love Reign O'er Me/Bell Boy/I've Had Enough/Helpless Dancer/Doctor Jimmy/High Numbers: Zoot Suit/Get Out And Stay Out/Four Faces/Joker James/The Punk Meets The Godfather.

1980

EMPTY GLASS
Solo-Album – Pete Townshend
(Atco)
Rough Boys/I Am An Animal/And I Moved/Let My Love Open The Door/Jools And Jim/Keep On Working/Cat's In The Cupboard/A Little Is Enough/Empty Glass/Gonna Get Ya.

McVICAR
Soundtrack
(Polydor)
Bitter And Twisted/Just A Dream/Escape Part 1/White City Lights/Free Me/My Time Is Gonna Come/Waiting For A Friend/Escape Part 2/Without Your Love/McVicar.

1981

FACE DANCES
(Polydor/Warner)
You Better, You Bet/Don't Let Go The Coat/Cache Cache/The Quiet One/Did You Steal My Money/How Can You Do It Alone/Daily Records/You/Another Tricky Day.

CONCERTS FOR THE PEOPLE OF KAMPUCHEA
(Doppelalbum, Atlantic)
Von The Who:
Baba O'Riley/Sister Disco/Behind Blue Eyes/See Mee, Feel Me.
Pete Townshend spielt auf den Stücken 18 bis 20 Gitarre.

PHASES
(9 Platten, Polydor)
My Generation/A Quick One/Who Sell Out/Tommy/Live At Leeds/Who's Next/Quadrophenia/The Who By Numbers/Who Are You.

TOO LATE THE HERO
Solo-Album – John Entwistle
Try Me/Talk Dirty/Lovebird/Sleepin' Man/I'm Coming Back/Dancing Master/Fallen Angel/Love Is A Heart Attack/Too Late The Hero.

1982

IT'S HARD
(Polydor)
Athena/It's Your Turn/Cooks County/It's Hard/Dangerous/Eminence Front/I've Known No War/One Life's Enough/One At A Time/Why Did I Fall For That/A Man Is A Man/Cry If You Want.

All THE BEST COWBOYS HAVE CHINESE EYES
Solo-Album – Pete Townshend
(ATCO)
The Sea Refuses No River/Communication/Exquisitely Bored/North Country Girl/Slit Skirts/ Uniforms/Prelude/Somebody Saved Me/Face Dances Part Two/Stardom In Action/Stop Hurting People.

1983

RARITIES, VOL 1 1966 – 1968
(Sampler/Polydor)
Circles/Disguises/Batman/Bucket T/Barbara Ann/In The City/I've Been Away/Doctor Doctor/The Last Time/Under My Thumb/Someone's Coming/Mary Anne With The Shaky Hand/Dogs/Dr. Jekyll & Mr. Hyde.

SCOOP
Solo-Album – Pete Townshend
(Doppelalbum, ATCO)
So Sad About Us-Brrr/Squeezebox/Zelda/Politician/Dirty Water/Circles/Piano: Tipperary/Unused Piano: Quadrophenia/Melancholia/Bargain/Things Have Changed/Popular/Behind Blue Eyes/The Magic Bus/Cache, Cache/Cookin/You're So Clever/Body Language/Initial Machine Experiments/Mary/Recorders/Goin' Fishin'/To Barney Kessel/You Come Back/Love Reign O'er Me.

1984

WHO'S LAST
(MCA)
My Generation/I Can't Explain/Substitute/Behind Blue Eyes/ Baba O'Riley/Boris The Spider/ Who Are You/Pinball Wizard/See Me, Feel Me/Love Reign O'er Me/Long Live Rick/Reprise/Won't Get Fooled Again/Dr. Jimmy/Magic Bus/Summertime Blues/Twist And Shout.

PARTING SHOULD BE PAINLESS
Solo-Album – Roger Daltrey (WEA)
Walking In My Sleep/Parting Should Be Painless/Is There Anybody Out There/Would A Stranger Do/Going Strong/Looking For You/Somebody Told Me/One Day/How Does The Cold Wind Cry/Don't Wait On The Stairs.

1985

BEST OF THE SIXTIES
(Sampler/Karussell)
My Generation/Substitute/I'm A Boy/Pictures Of Lily/Won't Get Fooled Again/Long Live Rock/Happy Jack/The Kids Are Alright/I Can See For Miles/The Seeker/5:15/Magic Bus.

UNDER A RAGING MOON
Solo-Album – Roger Daltrey
(10 Records)
After The Fire/Don't Talk To Strangers/Breaking Down Paradise/The Pride You Hide/Move Better In The Night/Let Me Down Easy/Fallen Angel/It Don't Satisfy Me/Rebel Under A Raging Moon.

WHITE CITY
Solo-Album – Pete Townshend
(ATCO)
Give Blood/Brilliant Blues/Face The Face/Hiding Out/Second Hand Love/ Crashing By Design/I Am Secure/White City Fighting/Come To Mama.

1987

CAN'T WAIT TO SEE THE MOVIE
Solo-Album – Roger Daltrey
(10 Records)
Hearts Of Fire/When The Thunder Comes/Ready For Love/Balance On Wires/Miracle Of Love/ The Price Of Love/The Heart Has Its Reasons/Alone In The Night/Lover's Storm/Take Me Home.

1988

WHO'S BETTER WHO'S BEST
(LP und CD-Video, Polydor)
My Generation/Anyway, Anyhow, Anywhere/The Kids Are Alright/Substitute/I'm A Boy/Happy Jack/Pictures of Lily/I Can See For Miles/Who Are You/ Won't Get Fooled Again/Magic Bus/I Can't Explain/Pinball Wizard/I'm Free/See Me, Feel Me/Squeeze Box/Join Together/You Better You Bet.

1989

IRON MAN
Solo-Album – Pete Townshend
(Virgin)
I Won't Run Anymore/Over The Top/Man Machines/Dig/A Friend Is A Friend/I Eat Heavy Metal/All Shall Be Well/Was There Life/Fast Food/A Fool Says/New Life.

1990

JOIN TOGETHER
(3 LPs, Virgin)
Overture/1921/Amazing Journey/Sparks/The Hawker (Eyesight To The Blind)/Christmas/Cousin Kevin/The Acid Queen/Pinball Wizard/Do You Think It's Alright/Fiddle About/There's A Doctor/Go To The Mirror/Smash The Mirror/Tommy Can You Hear Me/I'm Free Miracle Cure/Sally Simpson/Sensation/ Tommy's Holiday Camp/We're Not Gonna Take It/Eminence Front/Face The Face/Dig/I Can See For Miles/A Little Is Enough/5:15/Love Reign O'er Me/Trick Of The Light/Rough Boys/Join Together/You Better You Bet/Behind Blue Eyes/Won't Get Fooled Again.